벼랑 끝에서 예수님을 만났다

벼랑 끝에서 예수님을 만났다

초판 1쇄 인쇄일　　2023년 7월 10일
초판 1쇄 발행일　　2023년 7월 17일

지은이　　　　고수진
펴낸이　　　　최길주

펴낸곳　　　　도서출판 BG북갤러리
등록일자　　　2003년 11월 5일(제318-2003-000130호)
주소　　　　　서울시 영등포구 국회대로72길 6, 405호(여의도동, 아크로폴리스)
전화　　　　　02)761-7005(代)
팩스　　　　　02)761-7995
홈페이지　　　http://www.bookgallery.co.kr
E-mail　　　cgjpower@hanmail.net

ⓒ 고수진, 2023

ISBN 978-89-6495-274-0　03230

'하나님은 살아계시는구나!'라는 뚜렷한 체험 고백

벼랑 끝에서 예수님을 만났다

고수진 지음

BG 북갤러리

불안에서 해방되어 안식할 수 있는 유일한 방법
올려드리기, Give Up 하는 것

이 시대를 일컬어 '뷰카(VUCA) 시대'라고도 합니다.

'뷰카(VUCA)'란 변동성(Volatile), 불확실성(Uncertainty), 복잡성(Complexity), 모호성(Ambiguity)의 머리글자를 조합한 신조어로, 불확실한 미래를 뜻한다고 하네요. 원래는 1990년대 미국 육군대학원에서 군사용어로 처음 사용되었다고 합니다. 전쟁터야말로 급박하게 생존을 위해 몸부림쳐야 하는 가장 치열하고 무서운 현장입니다. 또 하나의 치열한 삶의 현장, 총성 없는 전쟁터라고 불리는 경제 분야에서 '전략'과 같은 군사용어와 실제 방법론들이 많이 차용되는 이유인 듯합니다. '뷰카'로 요약되는 이 시대의 특성은 과학기술이 제아무리 발달하여 만능 자판기를 손에 넣은 듯하지만, 여전히 인간은 '한 치 앞도 내다볼 수 없다.'라는 인간 역사 이래 변한 적이 없는 진실의 요약판이 아닌가 합니다.

오랫동안 곰곰이 생각을 해보았습니다. 인간은 여전히 앞날에 대해 알 수 없을 것이고, 그렇다면 '뷰카'로 대변되는 시대를 살아가는 최상의 방법은 무엇인지에 대해서 말입니다. 그러던 어느 날 문득 이 단어가 눈에 들어왔습니다. 'Give Up.'

'Give Up.'

한영사전에 등장하는 이 표현의 첫 해석은 '포기하다.'입니다. 그런데 한국어의 '포기하다.'라는 표현은 왠지 부정적인 뉘앙스가 강하여, 무엇인가 내 것을 억지로 내려놓거나 뺏겨야만 할 것 같은 느낌이 듭니다. 그러고 보니 세상 제일 어려운 일이 '무언가를 포기하는 일' 같아요. 그런데 영어 Give Up이라는 표현의 어원을 거슬러 올라가다가, 성경을 만나게 되었습니다. 정확히는 예수님을 만나게 되었습니다. 오래전 중학교에 올라가 영어로 거의 처음 외웠던 '숙어' 중 하나가 'Give Up'이었는데, 그 쉬운 표현인 'Give Up, 포기하다.'가 왜 그리도 잘 안되는 것인지에 대한 이유를 제법 긴 시간을 돌고 돌아와 비로소 알게 된 듯했습니다. 십자가 위의 예수님은 마지막 숨을 몰아쉬며 그야말로 모든 것을 하나님께 '올려 드렸습니다.' '의탁(依託)하셨다.'고도 번역됩니다. 이것의 영어 표현이 바로 'Give Up'이 었습니다. 이것이 한국어로는 도저히 다 표현할 수 없었던 Give Up의 참뜻이란 걸 알게 된 것은 제가 알아낸 것이 아니라, 성령님이 알려주셨을 겁니다. 그러지 않고서야 수십 년을 그저 'Give Up, 포기하다.'라고 기계처럼 줄줄 외우기만 했던 그 단어가 어느 날 갑자기 제 눈에 박혔는지를 설명하기 참 힘드니 말입니다.

불확실한 존재일 수밖에 없는 인간이 끊임없는 불안에서 해방되어 안식할 수 있는 유일한 방법은 근원 되시는 창조주 아버지께 모든 것을 '올려드리는', 'Give Up' 하는 것이 아닐까요? 비록 부족한 것투성이인 나이지만, 이 모습 이대로 'Give Up'에 관한 이야기를 '모호하고 불안한' 오늘을 함께 살아가는 그리스도인들에게 예수님을 만나는 방법으로 제안해 보고 싶은 이유입니다. 무려 온 우주를 창조하신 하나님이 그 창조를 다 마무리하시고 하신 일, 그리고 우리에게도 그리하기를 원하시는 일, 안식. Give Up, 안식에 이르는 귀중한 실마리가 되기를 소망하며 캄캄한 물고기 뱃속 안에 있었던 요나처럼 기도해 봅니다.

"그러나 나는 감사의 노래로 주께 제사를 드리며 내가 서약한 것을 지키겠습니다. 구원은 여호와께서 주시는 것입니다." (요나서 2:9)

차례

1장

벼랑 끝에서
예수님을
만났다

01

신이 존재한다는 증거

마지막 벼랑 끝에 서 있다고 느꼈던 십여 년 전 어느 날, 이런 이미지가 떠 올랐다.

'지금의 내 상황은 마치 백척간두(百尺竿頭), 까마득한 높이의 양 벼랑 끝 사이에 줄을 드리우고, 그 외줄 위를 눈을 가린 채 외발자전거를 타고 건너가야만 하는 그런 모습.'

날마다 숨이 턱턱 막혀 왔다.

경제적인 어려움에서 시작된 압박감의 이미지였다.

그즈음부터일 것이다. 일곱 살 무렵부터 자연스럽게 존재한다고 믿어 왔던 신의 존재 여부를 기필코 알고 싶었다. 신이 존재한다면, 도대체 내가 겪고 있는 이 고통스러운 상황의 이유와 원인은 무엇인가 묻고 싶었다. 평범한 부모님 슬하에서 그다지 모나지도 모자라지도 않게 그리고 어떤 부분에서는 그럭저럭 남부럽지 않게 나고 자라왔는데. 딱히 누구를 못살게 굴거나, 나쁘게 마음을 먹고 사기를 치거나, 나쁜 짓을 한 적도 없는 것 같은데. 왜 비슷한 환경에서 자라고 살아오는 주변의 가족, 친지, 지인들 사이에서 유독 나와 남편이 이런 상황을 겪어내고 있는지 부아가 나서 참을 수가 없었다. 그런 상황에서 나도 신에게 의탁하고 싶었다. 양가 부모님이 주시는 적잖은 도움으로도 상황이 나아질 기미가 도무지 보이지 않으니, 어쩔 도리가 없었는지도 모르겠다.

"얘야, 이제 그만. 딴짓 좀 그만하고, 고집 좀 버리고, 나를 보는 건 어떻겠니?"라는 신의 초대였을까?

공학자이자 작가, 소설가이며 크리스천인 이재영 교수(한동대)의 《탁월함에 이르는 노트의 비밀》 중 멀티플레이어형 천재의 대표주자 격인 레오나르도 다빈치에 대해 다루는 내용에서 소개되기도 한 하워드 다중지능 이론이 있다.

'8과 2분의 1 지능'으로도 일컬어지는 이 마지막 아홉 번째의 지능을, 이 책에서는 실존지능 혹은 영적지능으로 소개하고 있다.

실존. 나는 누구이며, 나는 어디에서 와서, 어디로 가는 것인가에 대한 인식. 고민, 가치관……

그리고 신학자들에 따르면, 스스로 이 질문을 할 수 있는 것을 일컬어 "영적이다."라고 한다.

이 실존지능 혹은 영적지능이 인간의 본질을 설명하는 방법 중 하나라면, 인간의 이 오랜 질문은 누가 나를 비롯되게 하였는가 혹은 나는 무엇으로부터 비롯되었는가 하는 질문으로 치환될 듯하다.

사방이 막혀있는 무시무시한 부비트랩에 갇힌 것만 같던 그 당시, 이 실존 · 영적지능이 비로소 발휘되기 시작한 듯하다. 어릴 적 그리고 고등학교 시절의 경험으로 교회에 대해 좋지 않은 인식을 갖게 된 나는 하나님, 예수님을 믿고 좋아하지만, 저런 사람들이 모인 곳이 교회라면 교회에는 나가지 않겠다는 판단으로 20대와 30대 초반을 지나고 있었다. 그러다가 더는 견딜 수가 없어 성당이란 곳을 다녀보기 시작했다. 먹고 사느라 치열하게 바쁜 와중에도 매일 미사를 나가고 싶었고, 1~2주에 한 번씩 새벽 미사 독서단 봉사를 했고, 4년여 정도 월급쟁이 직장을 떠나있는 동안은 성령 기도회에 열심히 참여해 1년간은 금요일마다 철야 기도회를 빠지지 않고 참석하기도 하고, 어설픈 실력에 본당 성령 기도회 찬양반주자를 하기도 했다. 지역 공동체 소모임 안에서는 1년 남짓 소공동체 반장(개신교 교회로 치면, 순장 또는 셀 리더 정도 될 것이다)을 하기도 했다.

그러나 어디에서도 내가 그토록 만나고 싶고 궁금한 신의 존재를 확신할 수가 없었다. 뭔가 늘 2% 부족한 느낌이었다.

그러던 중 다시 직장을 다니게 되었다. 기업 컨설팅 회사였다. 주로 대기업이나 큰 공공기관을 클라이언트로 두고 있는 회사인데, 회사 규모와 비교하면 하는 일의 양과 범위가 정말 말도 안 되게 많은 곳이었다. 즉, 이 얘기는 좋게 말하면 소수의 인원이 '일당백'을 해야 한다는 것, 적나라하게 말하면 워라밸('Work-life Balance'의 준말) 따위는 꿈도 꿀 수 없는 살인적인 업무량과 스트레스를 1년 365일 월화수목금금금, 24시간 꿈에서도 감당하며 일해야 한다는 의미이기도 했다.

무척 똑똑하고 추진력은 있지만, 몹시 괴팍한 회사 대표로 인한 스트레스가 그중 가장 괴로운 일이었다. 몇 개월 주기로 도망치듯 떠나는 직원들을 보내고, 새로 찾아 맞아들이는 일로 인한 괴로움도 날로 쌓여가기만 했다.

그때 회사 대표의 폭언으로 인해 크게 마음의 상처를 받고 울며 떠나는 직원들 앞에서 느낀 무력감 그리고 사람이 영혼에 깊은 상해를 입으면 어떤 눈물을 흘리는지 보고 듣는 일은 매우 충격적이고 몹시 가슴 아픈 일이었다.

얼마 되지도 않는 직원들이 조금이라도 행복하게 일할 수는 없는 걸까.

일이 이렇게 고된데 그나마 서로 의지하고 힘이 되어 주며 일할 수는 없는 걸까 하는 고민에, 일주일에 적어도 두서너 번은 직원들 입장에서 회사 대표와 크게 부딪히며 저항 아닌 저항을 해보기도 했다. 하지만 몸도 마음도 날로 지쳐가던 나 역시 어느 순간부터는 '아! 그냥 나부터 살아야지, 이러다 죽겠다.'는 위기감이 몰려 왔다. 그런 날들을 지나면서도 월요일 새벽 성당 미사 독서단 봉사를 꾸역꾸역 이어가고 있었다. 당시로써는 내가 신께 내어 드릴 거라고는 그 시간밖에 없다고 여겼으니까. 정말 고단했다. 지금 돌이켜 보니 '사랑이 많으신 하나님은 내가 건강을 갉아먹으면서까지 그렇게 무리하기를 원하지 않으셨을 텐데.' 하고 생각한다.

그러다 결국 번아웃 증후군(Burnout Syndrome)으로 쓰러졌고 1년 가까운 시간을 사랑하는 가족들을 몹시도 애태우며 식물인간처럼 그저 침대에 누워있었다. 하루하루를 지옥같이 여기며 불면증으로 꼬박 새하얀 밤을 새우면서 내일 아침에는 부디 눈을 뜨지 않고 이 고통이 마무리되기만을 바랐다.

정상적인 사고가 거의 불가능한 그런 중에도 순간순간 "아, 아멘의 'ㅇ'만 나와도 살 것 같은데……."라는 내면의 절규가 나왔다. 도무지 아주 간단한 기도조차 나오지 않는 것, 그것이 가장 고통스러운 일이었다. 그때, 왜, 기도를 하면 살 수 있을 것 같았을까. 흔히 말하기를 기도는 신앙인의 호흡과 같은 것이기 때문이었을까.

그렇게 속절없이 시간만 흘러가는 듯 보이던 어느 날, 엄마의 애타는 수소문으로 엄마가 다니시는 교회(엄마는 내가 어릴 때, 몇 번쯤 교회를 나가고 싶어 하셨는데 그때마다 아버지가 많이 반대하셔서 포기하신 듯했다. 그런 후 수십 년이 지나 60이 훌쩍 넘어 경제적인 큰 어려움이 닥치던 때를 전후로 교회를 나가기 시작하셨다. 성당에 다니는 나를 보며, 그리고 이제는 굳이 반대하지 않으시는 아버지 덕분이었을까, 용기를 내신 듯했다) 지인을 통해서 한의사이자 목사님이신 분이 우리 집에 오시게 되었다.

　아무런 삶의 의욕도 없는 나를 자꾸 일으켜 세우려는 가족, 친지, 친구들의 시도조차도 오히려 원망스럽기만 했는데, 그즈음에는 그 원망조차도 희미해진, 껍데기만 남은 것 같은 나였다.

　그 목사님이 방문하셔서 나, 엄마와 함께 20여 분 남짓 간소한 가정 예배를 드리고, 채 몇 분도 되지 않는 안수기도를 해주신 것이 전부였다. 그런데 바로 그날 밤부터 수년간 점점 심해지기만 하여 언젠가부터는 수면제 없이는 단 한숨도 잘 수 없는 고통에서 거짓말처럼 놓여나게 되었다.

　한 달에 두 번쯤 억지로 납치되다시피 식구들 손에 이끌려 신경정신과에 수면제와 우울증약을 처방받으러 가고 있었는데, 그날(화요일로 기억한다) 이후 일주일 후쯤 정기적으로 약을 타러 병원에 갔다. 몇 달을 거의 아무런 말도 하지 않고 형식적인 몇 마디의 대답만 하던 나였는데 밝게 인사를 하고, 그동안 묵묵히 참아 주셔서 감사하다는 인사를 건네자, 의사 선생님은 몹시 놀란 표정을 짓다가, 갑자기 눈시울을 붉히셨다. 의아했다.

"오늘, 수진 씨를 보니 하나님이 살아계시는지도 모르겠단 생각이 드네요. 오랫동안 교회를 나가지 않았는데……. 이번 주 일요일, 다시 교회를 나가 봐야 할 거 같아요."

우리 가족들에게도 친지, 친구, 지인들에게도 그런 나의 회복은 그저 기적, 그것이었다. 나중에 알고 보니 서너 명씩 세 팀 정도가 나를 위해 수개월을 새벽기도와 중보기도로 응원을 해주고 있었다. 나도, 그들도, 우리는 '하나님은 살아계시는구나!'라는 뚜렷한 체험을 한 셈이다. 내가 알지 못하는 누군가의 기도를 통해 하나님은 살아계심을 이처럼 드러내신다.

02

유일무이 구원의 길, 예수 그리스도

남편 사업이 어려워지기 시작하기 전이니, 십수 년 훨씬 전쯤인 듯하다.

필자가 살던 같은 아파트단지에 살던 선배 언니가 있었는데, 어릴 적부터 가정사가 편치 않았던 때문일까. 결혼한 후 언니는 옆에서 보기에 가정에 지나치게 집착을 했음에도 불구하고 남편의 크고 작은 외도가 큰 문제를 일으키기 시작하고 있었다.

답답하고 괴로운 심정이 오죽했을까. 그런 언니는 전국 방방곡곡으로 점사를 보러 다니고, '효험'이 좋다는 부적을 받으러 다니느라 바빠지기 시작했다. 어쩌다 보니 나도 거기에 끌려 용하다는 점집, 무당집을 꽤 여러 군데 다녀보게 되었다.

그러나 다닐수록 참 이상하다는 생각이 들었다.

대부분의 점술가는 나름의 풍부한 임상(?)경험 덕분인지, 대략 무언가를 끼워 맞추는 듯한 느낌을 줄 때가 많았고, 그러다 보니 딱히 속 시원한 솔루션(?)이나 가이드를 받을 수 있는 것도 아니었다.

　아주 드물게 '헉, 어떻게 저런 걸 알지?' 하며 언니랑 속으로 깜짝 놀라는 경우가 더러 있기는 했지만, 문제는 점술가들에게 지불하는 돈의 빈도수와 액수가 많아지고 커짐에도 불구하고 실제로는 어떤 일도 해결될 기미가 보이지 않는 것이었다. 그곳에 쓰는 비용이 많아질수록 남편의 외도문제에 더해 가정 경제적인 문제로도 갈등은 더해지고 깊어지기만 했다.

　내게도 좋지 않은 영향이 미치기 시작했다. 선배 언니는 남편과의 갈등이 깊어질수록 "남자는 다 똑같아, 네 남편도 틀림없이 너 모르게 무슨 일을 할지도 모르니 잘 감시해야 해."라는 부정적인 얘기를 날마다 만나서 또는 전화로 전하기 시작했다. 처음에는 '자기가 힘드니 저러겠지, 가엾다.' 하고 말았는데 하루하루 지날수록 나도 자꾸 의심의 눈이 떠지기 시작하면서 남편과 별것도 아닌 일로 의심하고 다투는 일이 생기기 시작했다.

　위기의식이 들었다. '아, 부정적인 영향은 더 쉽게 전염이 되는구나. 나쁜 것을 더 나쁘게 만드는구나…….' 언니가 하는 얘기들의 상당 부분은 점술가들이 하는 얘기들을 거의 그대로 되풀이하는 것 같았는데, 대개는 걱정, 염려, 불안. 무엇보다 두려움을 계속 떠오르게 하고 그로 인해 점술가들에게 의존하게 하는 데 초점이 맞춰져 있었다.

성경을 통해 우리들에게 가장 많이 당부하시는 말씀이 "두려워 말라, 강하고 담대하라."라는 이유가 분명 있다.

인간은 두려운 상태에서 판단 착오를 하기 쉽고, 그로 인해 바람직하지 못한 결과에 이를 확률이 높은, 그런 연약한 존재라는 것을 창조주께서는 너무 잘 알고 계실 테니 말이다.

그 무렵까지도 특정한 종교를 갖지 않고 나름 홀로 해 오던 신앙생활만이 답이 아닐지도 모른다는 생각이 들기 시작했다.

이제는 남편뿐만이 아니라 나에게도 집착하는 선배 언니로 인해 우선은 내가 숨이 막혀 살 수가 없었다. 제발 저 언니와 멀어지게 해달라고 기도를 했고, 그런 지 얼마 후 멀리 이사 갈 상황이 생기면서 자연스럽게 멀어질 수 있었다.

이사를 한 곳은 인천이었고, 이사를 간 지 오래지 않아 우리 가정에도 본격적으로 경제적인 어려움이 몰려들기 시작했다. 어느 곳에도 이 상황을 속 시원히 드러내 놓고 상의를 하거나 하소연이라도 할 사람조차 없었다. 유난히 자식에 대한 사랑과 걱정이 깊으신 부모님께는 심려를 끼칠까 봐 차마 입이 떨어지지 않았고, 괜한 자존심은 누구 못지않게 하늘을 찌르던 그때의 나였기에 가까운 친지나 친구들에게는 더더욱 죽기보다 말하기가 싫었다.

성경은 그 말씀의 앞뒤 맥락을 함께 잘 살펴 헤아려야 하는 것이 중요하긴 하지만, 일단 떠오르는 말씀 한 구절이 있다. 고린도후서 12장의 말씀이다.

"나에게 이르시기를 내 은혜가 네게 족하도다. 이는 내 능력이 약한 데서 온전하여짐이라 하신 지라. 그러므로 도리어 크게 기뻐함으로 나의 여러 약한 것들에 대하여 자랑하리니 이는 그리스도의 능력이 내게 머물게 하려 함이라. 그러므로 내가 그리스도를 위하여 약한 것들과 능욕과 궁핍과 박해와 곤고를 기뻐하노니 이는 내가 약한 때에 강함이라." (고린도후서 12:9-10)

그때, "약한 것을 자랑하라."라는 고린도후서의 말씀을 알고 그 말씀이 인도하는 방향대로 나아갔더라면. 그랬더라면……. 그 후로 폭풍처럼 내 인생에 휘몰아쳤던 일들은, 그저 작은 비바람으로 지나쳐 갔을 수도 있지 않았을까. 아쉽지만 한편으로는 그 폭풍을 겪고 나서야 비로소 '약한 나로 강하게'라는 찬양을 가슴으로 함께 부를 수 있게 되었으니 지나간 모든 것은 그저 다 감사한 은혜이다.

약한 나로 강하게
가난한 날 부하게
눈먼 날 볼 수 있게

주 내게 행하셨네

호산나 호산나 죽임당한 어린 양

호산나 호산나 예수 다시 사셨네. (찬양원곡 작사·곡 Reuben Morgan)

그런 폭풍이 몰아치리라는 것은 전혀 짐작도 못 하고, 그저 안온한 날들을 지내고 있던 어느 날 햇빛과 바람이 참 좋던 오전이었다.

대기업에 다니던 남편은 출근하고, 아이도 고가의 놀이방에 등원하고, 오후에 문화센터에 그림을 그리러 가는 날이었던 걸로 기억한다. 집안일을 대충 마치고, 방 창문을 활짝 열고, 넓은 침대에 누워 기분 좋은 햇빛과 바람을 즐기다 문득 이런 생각이 스쳤다.

'지금 30평대 아파트에 살고 있으니, 40대엔 40평, 50대엔 50평으로 늘리며 살겠지. 그러면 60대에 60평, 70대에 70평? 어, 좀 이상한데……. 그때가 되면 아이들도 출가했을 것이고, 나이 들어 기운도 달릴 텐데 그리 넓은 아파트가 필요할까?'

'보자. 그러면 지금 갖고 있는 다이아몬드 반지가 1캐럿쯤 된다면, 40대, 50대, 60대……. 80대에 무거운 물방울 다이아몬드? 그렇게 무거운 다이아몬드를 어떻게 하고 다니지? 이거 뭔가 이상하다!'

'그렇다면. 흐음, 지금 내가 갖고 있는 밍크코트는 딱 엉덩이까지 내려오는 길이이고, 같은 품질이라면 밍크코트 길이가 길어질수록 비싸지는 건데……. 40대에 7부, 50대에 8부……. 80대에 치렁치렁 발목까지? 오, 마이 갓!'

정말 그때 딱 내 입에서 나온 말이 "Oh, My God, 세상에나 주여!"였다. 대체, 그때까지 내가 살던 세상의 기준으로는 너무도 당연했던 삶의 수순이 된(지나고 보니 참으로 한숨이 나오는 배금주의에 제대로 사로잡혀있던 생각이었지만) 기준 따위가 무슨 의미가 있는 것일까? 대체 나는 이제 어떻게 해야 하나? 대체 이제 나는 무엇을 목표로 살아야 하는 건가? 텅 빈 넓은 집에, 주먹만 한 다이아몬드를 목에 걸고, 치렁치렁 발목을 휘감는 밍크코트를 입은 쭈글쭈글한 노인……. 그것이 내 삶의 끝이면 어떡하나? 오, 마이 갓!

오, 마이 갓! 이 신음처럼 입에서 터져 나온 순간, 갑자기 온통 사방이 칠흑처럼 깜깜해졌다.

아주 잠시 동안은 무슨 상황인지 가늠조차 되지 않아 순간 얼음이 되었다. 그리고는 바로 너무 놀라고, 무서워서 비명을 지르며 데굴거리다가 침대에서 쿵 떨어져 나가떨어졌다. 너무 무서웠다. 그리고 스친 생각. '아! 내가, 하지 말아야 할 질문을 했나 보다. 이제 큰일 났다……!'

아직도 그때의 그 경험, 그 현상을 객관적으로 설명하거나 증명할 수는 없다. 그러나 분명한 것은 그것이 아마도 창조주 하나님께 나의 삶에 대해 드린 최초의 진지하고 본격적인 질문이 아니었을까 짐작해본다.

내가 어떻게 그런 생각을 할 수 있었는지 또한 역시 설명할 수는 없지만, 한 가지 확실한 건 창조주께서는 "옳지! 드디어 네가 내게 질문을 시작했단 말이지? 좋아, 이제 네게 답을 해 주리라." 하셨던 게 틀림없다.

그 뒤 얼마 지나지 않아 인생의 혹독하고도 긴 시련기가 시작되었다. 그렇게 나는 '예수님은 살아 계시구나……. 그럴 수밖에 없구나.'를 인정할 수밖에 없는 상황들로 들어서고 있었다.

03

나는 이렇게 예수님을 만났다

언젠가부터 가능한 한 늦어도 11시 전후로는 잠이 들어 일찍 일어나는 것이 몸에 더 편하다.

창조주가 우리를 만드신 설계에 따른 생활이 우리에게 가장 유익한 법인데, 밤 10시부터 새벽 2시까지의 이 4시간은 '황금 수면 타임'이라고 불릴 만큼 의학적으로도 그 필요성과 유익함이 증명되고 있다. 이 시간대에 '잠'이라는 놀라운 시스템을 통해서 우리 몸이 깨끗해지고, 재정렬되고, 많은 호르몬이 재생산되어 하루 동안 어긋난 것들을 스스로 정비하고, 내일을 준비하는 놀라운 일들이 가장 극적으로 일어난다.

완전히 건강을 잃었다가 극적으로 다시 세상 속에 발을 딛게 된 후, '우선 몸과 마음이 건강한 삶을 살자.'라는 다짐으로 뒤늦게 운동-건강관리 분야로 발을 디딘 지 어느새 10년을 바라보게 되었다.

몸의 회복과 건강을 통해 나라는 존재와 삶, 그로 인해 내 주변까지 어떤 변화가 일어나는지를 몸소 깊이 경험해오는 이 시간 속에서 점점 더 놀라게 되는 것이 '인간'이라는 존재이다.

무엇보다 인간의 몸이 얼마나 정밀하고 놀라운 유기체이며 미처 그 끝을 짐작할 수 없을 만큼의 가능성을 내포한 존재임을 나와 사람들의 몸의 회복과 건강을 늘 생각하면서 살아오는 시간이 더해질수록, 고백하건대 하나님의 존재를 조금씩이나마 더 알아가는 감사하고 놀라운 순간들을 만난다.

나 역시 회복될 길이 없거나 혹은 회복을 기약할 수 없는 시간을 훌쩍 뛰어넘어 몸이 회복되었던 큰 경험 말고도, 그 전에 이미 20대 초반에 운동을 하다가 손상된 무릎이 회복되지를 못해 20년 가까이 조금만 무리하면 심하게 붓고 아파서 거의 달마다 정형외과나 통증의학과에 다녀야 했는데 놀랍게 회복된 일이 있었다. 성당을 다니던 때 성령 기도회 철야 집회에 참석했던 어느 날, 안수 시간이었다. 그 오랜 고질적인 통증이 고침을 받은 후로 다시는 같은 문제로 고생을 한 적은 없다. 심지어는 운동 트레이너가 되어 별 어려움 없이 강도 높은 운동을 하는 삶을 살고 있으니 말이다.

과학이라는 방법으로 설명할 수 없고, 있을 수 없는 일이라 말하는 사람들도 분명 많겠지만, 나는 이렇게 말하고 싶다. 그런 일은 비록 인간이 설명할 수는 없지만, 우리를 위해 일어나는 일이라는 것 그리고 우리에 대한 사랑을 표현하는 창조주 하나님의 참 알 수 없는 방식이라는 것을 말이다.

그러고 보니 예수님을 알게 되고, 그분이 참 좋은 분이고, 그래서 늘 더 알고 싶고, 가까워지고 싶었던 분인지가 꽤 오래된 듯하다. 일곱 살, 12월. 그것은 정확히 기억한다.

개신교 감리회 부설 유치원을 다녔었는데, 유치원 졸업을 앞둔 마지막 학기 12월, 크리스마스 동극을 했다. 내 역할의 분량은 적었다. 대사는 달랑 한 줄. 그 대사 뒤에는 알 수 없는 암호 같은 작은 글자와 숫자 같은 것이 적혀 있었는데 아직도 눈에 선하다.

하얀색 가운 같은 치렁치렁한 옷에 선생님들이 만들어 달아주신 천사 날개와 동그랗고 하얀 천사 머리 위의 고리로 분장을 하고, 무대 한가운데 서서 하늘을 향해 얼굴과 팔을 높이 높이 들고, 그 대사를 외워 크게 외쳤다.
"하늘 높은 데서는 하나님께 영광! 땅에서는 주님께서 사랑하시는 사람들에게 평화!"

교회를 따로 다니는 것도 아니었고, 평소 유치원의 프로그램이나 분위기에 딱히 종교적인 색채가 두드러진 곳도 아니어서 그저 매일 간식 먹기 전

손 모아 짧은 감사 기도를 했고, 간혹 부르던 어떤 노래들이 있었는데 나중에 알고 보니 그 노래들이 찬양이었다. 그리고 나이 많은 할아버지셨던 유치원 이사장님이 간혹 유치원 운동장(나중에 생각해 보니 교회 앞마당이었다)에서 뛰노는 아이들에게 다가와 푸근하게 웃어주시고 머리를 쓰다듬어 주시던 모습, 그 정도의 분위기였기에 그날 외웠던 대사가 성경의 말씀이란 것도 꽤 시간이 흐른 후에 알 수 있었다.

그런데도, 그날, 그 순간의 그 느낌은 아직도 생생하고 잊을 수가 없다.
선생님이 인쇄해서 오려 주신 한 줄의 대사, 그 말씀을 전하던 그 짧은 순간 얼마나 행복했는지, 얼마나 환했는지…….

그 후 유치원 선생님인지, 누군가가 "그날 네가 했던 그 대사는 예수님 말씀이야."라고 알려준 기억이 있고, '아, 예수님이란 사람의 얘기를 하면 그렇게 행복해지나보다.'라고 어린 마음에 그만큼까지만 예수님을 인지하기 시작했던 듯하다. 아무도 내게 본격적으로 예수님을 소개해 주지는 않았으니까.

그 후로 크면서는 아주 드물게 가족이나 가까운 친구 정도에게 어릴 적 그런 행복했던 순간이 있었노라고 얘기를 하면 그냥 그저 '아 그랬구나.' 하고 대수롭지 않게 넘어가기에 그 후부터는 굳이 다른 사람에게는 얘기하지 않았다. 그들은 그 순간 너무 행복했던 나의 마음을 알 수 없겠구나 해서였다. 그렇지만 때때로 속상하거나 힘든 일들이 있을 때면 늘 그 말씀을 떠올리며 되뇌곤 했고, 그러면 쓸쓸하거나 아팠던 마음을 누군가 다독여 주는 것 같아 참 위안이 되었다.

고등학교를 우리나라 대표적인 미션스쿨인 여고로 진학하면서, 비로소 그 대사의 정확한 출처를 알 수 있었다. 매주 수요일 1교시의 채플 시간과 매주 1시간씩 정규 교과 시간에 편성된 '성경' 시간을 통해 그 대사가 성경의 말씀, 그중에서도 예수님의 탄생을 알리는, 그리고 예수님의 전 생애를 예고하는 천사를 통한 메시지, 누가복음 2장 14절 말씀이란 것을 말이다.

아주 오랜만에 이렇게 새벽까지 깨어 원고를 쓰고 있는데, 원고를 쓰기 전 꽤 긴 시간 동안 지인인 목사님과 예수님에 관한 대화를 나눴었다. 지나고 보니 얼마 안된 시간인지 알았는데 3시간이 넘게 흐른 터였다. 아마 우리를 담아 준 그 시간은 인간이 관리하는 시간인 크로노스가 아닌 창조주가 관장하시는 카이로스의 시간이 아니었을까.

목사님 딸이 핸드폰 너머로 깜짝 놀라며 "아직도 통화 중이세요?!" 하는 소리에 함께 깜짝 놀라며 인사를 하고 통화를 마무리했다. 예수님 이야기를 하며 참으로 행복했던 찰나와 같은 그 시간에 대한 아쉬움을 남기고.

때로는 지인 중 얘기가 통하는 사람들과도 오랜 통화를 할 때가 간혹 있는데, 대부분 오랜 통화 후에는 무슨 얘기를 하느라고 시간이 이렇게 흘렀을까 하면서 다소 피곤하고, 좀 허탈한 느낌이 드는 때가 많다.

그런데 어떤 통화는 드물게 그 시간이 끝나는 것이 참 아쉽고, 그 대화의 좋은 여운으로 인해 에너지가 충전되는 느낌이 들 때가 있는데 그날의 통화가 그랬던 것 같다.

우리 이야기의 마무리 부분은, "예수님은 말씀이시다."였다.

내가 처음으로 만난 예수님은 '말씀'이었다. 본격적인 이성으로 사고하기 전인 어린아이였을 때 만난 그 말씀은 분명 나에게 그 뒤로도 항상 그리고 지금까지도 때로는 위로이자 평안이며, 주저앉아 울다가도 눈물 쓱 훔쳐내고 다시 일어나 나갈 수 있게 해준 가장 든든한 응원이었다.

단 한 줄의 말씀만으로도 녹록지 않은 세월을 건너올 수 있었다는 것을 알게 된 삶. 지극한 복이다.

나는 예수님을 '말씀'으로 만났다.

"하늘 높은 데서는 하나님께 영광, 땅에서는 주님께서 사랑하시는 사람들에게 평화!"

어딘가에서 좌절 때문에, 고통 때문에 신음하고 눈물 흘리는 이들에게 말

씀이 찾아가 그 눈물을 닦아 내어주시고, 그 품에 안아 그 신음을 잦아들게
해주시기를 깊이 소망한다. 그 말씀이 고요히 전해지도록 나도 그리 살고
싶다.

04

채워지지 않는 공허함

간혹 주변에 보면 아주 열심인 신앙인으로 보이며 거의 모든 대화에 하나님이라는 단어가 빠지지 않는 사람들이 있다. 그런가 하면 늘 교회나 성당에 사는 것은 아닌가 할 만큼 오랜 시간을 교회나 성당 혹은 각종 집회 등에서 보내고 있는데 '하나님의 일'이라는 일들로 몹시 분주해 보여 이들과 꼭 필요한 얘기라도 하려 하면 정작 시간조차 잡기 힘들다.

조심스러운 얘기지만 그런 이들 중 많은 경우 공통점 같은 것이 있는데, 이런 하소연을 곧잘 하는 것 같다. "나를 위해 기도 좀 해 줘!", "요즘 기도가 잘 안 돼!", "요즘 도무지 성경 말씀이 눈에 들어오지를 않아!", "요즘 너무 바쁘고 정신이 없어서……."

하나님의 일을 하느라 너무 바쁘고 고단해서 말씀을 읽으며 기도할 시간과 에너지가 없다는 얘기인 것 같은데 앞뒤가 맞지 않는 것 같다는 느낌을 받아 마음이 편치 않을 때가 있다. 솔직히 말하면 나도 일정한 시기 동안은 그런 '증상'을 갖고 있었지 싶다.

그럴 때 주변 반응은 "아, 그러시군요! 대단하세요! 얼마나 힘드세요!"라는 말을 주로 하지 "그런 분주함 그만두고 고요히 평안하게 말씀을 읽어보세요."라는 얘기를 듣는 경우는 적었다.

돌이켜 보니 너무 바쁘고 정신이 없어서 기도할 시간이 없고 말씀 읽을 시간이 없는 게 아니라, 말씀 읽지 않고, 기도하지 않고, 허겁지겁 살다 보니 너무 바빠지고 정신이 없어진 것이다.

그리스도인들이 가장 많이 듣고 인용하는 얘기가 성경의 '마르다와 마리아 자매 이야기'인데, 공동체 모임 등을 통해 이 부분의 성경 말씀을 나누다 보면, 의외로 마르다 편을 드는 사람이 적지 않았다. 어쩌면 우리 대부분이 저지르는 실수 아닌 실수가 '분주한 마르다 되기'가 아니어서일까 생각한다.

할 일 많아 바빠 죽겠는데, 그저 예수님 발치 아래에서 한가히 그분 얘기에나 귀 기울이고 있는 얄미운 마리아 같으니라고……. 이같은 반응들은 늘 변함없이 인기 있는 반응들이다.

도대체 이 마리아는 '어떤 애'인가 궁금해서 인터넷 검색을 상세히 따로 해 본 적이 있다. 많은 화가의 그림에서 마리아는 마르다보다 훨씬 예쁘게 묘사가 되어 있어서 좀 놀랐다. 대표적으로 스페인화가 홀리오 토레스가 1960년대에 그린 그림에 등장하는 마리아가 특히 더 예뻤다. 마리아와 마르다의 이야기를 검색하다가 방문한 한 블로그에 올려진 그림이었다. 그 블로거는 또 어떤 궁금함과 간절함으로 저 그림들을 찾아냈을까 궁금해진다 (그림 출처 : 네이버 블로그; BookMommy).

굳이 복음서에 이 이야기가 등장하는 이유는 무엇일까.

누가복음 10장의 마지막 40절부터 42절까지 세 구절의 장면이 눈에 들어온다.

"그러나 마르다는 여러 가지를 준비하느라고 마음이 산란하였다. 마르다가 예수님께 와서 '주님, 제 동생이 모든 일을 저 혼자 하도록 내버려 두고 있는데도 그냥 보고만 계십니까? 저를 좀 도와주라고 하십시오.' 하자 예수님이 마르다에게 대답하셨다. '마르다야, 마르다야, 네가 많은 일로 염려하고 걱정하는구나. 마리아는 좋은 편을 택했으니 아무에게도 그것을 빼앗기지 않을 것이다.'"

마음, 눈에 보이지도 손에 잡히지도 않는 우리들의 마음.

그 마음에 얼마나 많은 것들이 담기고 오가고, 그 마음에 얼마나 많은 풍랑이 일고, 또 얼마나 깊은 고요가 찾아들고, 벅찬 기쁨이 차오르기도 하는지. 그런데 뇌과학의 영역이 놀랍게 발전하고 있다는 오늘날에도 그 마음의 실체가 딱히 무엇이라고 아직 누구도 정확히 말할 수는 없다. 아마 영원히 그러한 방법으로는 알 수 없는 영역으로 남을 수도 있지 않을까 한다.

그런데 예수님은 누구보다 그러한 우리의 '마음'에 집중하셨고, 그래서 마르다와 마리아의 이야기를 우리에게 성경을 통해 들려주시면서 우리의 마음을 돌아보게 하시고 헤아리신다.

마음이란 것을 가만히 들여다보고 있노라면 "하나님은 영이시니(요한복음 4:24)"라고 하신 이유를 조금은 알 것 같다. 볼 수 없지만, 분명히 계시는 하나님. 볼 수 없지만, 분명히 존재하는 우리들의 마음. 우리와 같은 모습으로 늘 동행해 주시는 그 사랑을 묵상해 볼 수 있는 지점이 아닐까.

일곱 살 꼬맹이일 때 만난 크리스마스 동극의 대사 한 줄이 그토록 오래 내게 위안이 되고 평안이 될 수 있었던 이유는, 말씀은 곧 영이신 예수님이기 때문이었다. 예수님은 오늘도 변함없이 늘 나와 만나 주고 계신다. 말씀으로.

꼭 '성경'이라고 쓰인 책을 통해서만 예수님과 말씀을 만날 수 있다고는 얘기하고 싶지 않다. 예수님의 사랑, 그분만이 가지실 수 있는 사랑을 설명할 수 있고 전할 수 있는 것들을 통해서도 그분을 만날 수 있다. 그렇지 않다면 우리가 이 세상에 어떻게 몸을 담고 발을 디디고 살 수 있겠는가. 우리가 결국 도달해야 할 것은 예수의 마음, 즉 '서로 사랑하며 사는 것'이다. 문자적인 성경 말씀만 읽고 골방에서 기도만 하면서는 그리 살 수 없다.

그런데 마르다처럼 '마음이 산란'하여, 즉 마음이 여기저기로 흩어져 있다는 얘기는 어쩌면 마르다가 그토록 분주히 일을 벌이는 이유를 말해 주고 있는지도 모르겠다. 사랑의 마음이 아닌, 그저 무언가를 해내야 한다는 의무감이 그 이유는 아니었을까. 그리고 내가 열심히 한 것에 대해 인정받고 싶은 생각, 소위 콩밭에 마음이 가 있기 때문일 수 있다. 사랑이신 예수님은 '그런 거 하지 마라.'가 아닌 '한 가지만 하라.'라고, 집중해야 할 본질을 넌지시, 그러나 정확히 짚어 주셨다.

그리스도교 종교를 떠나서 이 세상에 살아가는 그 어떤 누구라도 성경을 통해 우리에게 드러나신 예수님의 '마음'을 접할 수 있고 만날 수 있다면, 비록 마지막 때라 여겨지고 날로 살기 힘들어지는 이 세상이 그래도 세상 끝날까지 사랑하며 살아가야 할 터전이란 것을 알 수 있을 것이란 생각이 든다.

앞서 언급한 스페인 화가가 담아낸 마리아의 어여쁜 모습을 소개해 준 블로그의 저자는 이런 발견을 나누고 있다.

"예수님은 본래 마르다를 사랑하셨다. 예수께서 본래 마르다와 그 동생과 나사로를 사랑하시더니(요한복음 11:5). 예수님은 본래 나를 사랑하셨다. 그걸 모르고 예수님 닮아가는 것보다 세상 쫓기에 바빴던 건 나였다"

고개가 끄덕여진다. 세상의 여러 가지 일로 바빠지면 바빠질수록(여기에는 당연히 성당이나 교회 혹은 이런저런 사역단체, 봉사단체의 여러 일도 포함된다. 하려고만 들면 얼마든지 몸이 녹초가 되어 쓰러질 만큼 바쁜 일들이 언제나 있는 곳이기도 하다) 마음에 평화가 아닌, 마음이 흩어지며 결국은 '내가 무엇 때문에 이렇게까지.'라는 허망함도 찾아 들기 쉽다. 산란해진 마음은 예수님과 우리 사이에 균열을 만들고, 그 균열은 자칫 채워지지 않는 커다란 구멍이 된다. 그 구멍이 커지기 전에, 아니 할 수만 있다면 생기기 전에 마음을 모아야 한다.

05

예수, 그 이름으로 나는 자유를 얻었다

점점 커지는 아파트 평수로도, 점점 커지는 자동차 배기량으로도, 다이아
몬드 목걸이 크기로도, 점점 치렁치렁 길어지는 밍크코트 길이로도, 집 은
밀한 곳 개인 금고에 가득가득 5만 원 현금다발과 골드바를 쌓아가도 결국
허무함만이 남는다면, 그 모든 것들은 아무것도 아닌 게 된다.

한때 그럭저럭 남부럽지 않게 누리고 쓰며 살던 그 시절로, 다만 예수님
을 모르는 채로 돌아가고 싶냐고 지금 누군가 내게 묻는다면, 단연코 "싫
습니다."라고 답할 것이다. 찰나와 같은 순간의 행복 후 점점 더해가는 공
허함을 갖고 그렇게 평생을 사는 일이 무엇보다 얼마나 내 마음을 완악(頑
惡)하고 완고하게 만들었는지, 그렇게 굳은 마음으로 결국 다른 이들과 나

자신을 다치게 했는지를 기억하기 때문에 다시는 그런 날로 돌아가지는 않겠다.

예전과는 비교도 안 되는 작은 집에 살며 때로는 예전의 안락함과 비교가 되어 솔직히 가끔은 불편하고 짜증이 날 때도 있다. 그러나 이제는 오히려 넓은 집에 살 때는 결코 알 수 없는 든든한 평안과 자신감 같은 것이 내 안에 있다는 것도 안다.

몸부림을 치며, 때로는 줄줄 흐르는 눈물을 닦아가며, 때로는 그 눈물을 애써 참으며 꿀꺽 삼키면서도 그래도 포기하지 않았던 성경 읽기와 예수님을 만나던 시간.

동양 철학의 대표주자 중의 하나인 장자(莊子)가 전하는 말이 있다.
"일단 견해를 멈추어라."

예수님이 이미 하신 이야기이다.
"판단하지 말아라."

오늘 삶에 폭풍이 휘몰아치거나 롤러코스터를 타고 있는 것 같아 도무지 마음이 흩어진다면 몸에 잔뜩 힘을 주고, 주먹을 불끈 쥐고, 내 생각과 내 의지로 이것을 할까 저것을 할까 머리를 써야 하는 순간이라면, 일단 말씀이신 그분을 만나보길 권한다. 마치 고된 하루를 마치고 집에 돌아와 내 몸에 꼭 맞아 세상 제일 편한 낡은 소파에 안기며 털썩 주저앉듯이 그분 앞에 그저 주저앉아 보기를 바란다.

도무지 가라앉을 기미가 보이지 않는 그 폭풍을 잠재울 비결은 고요히 그분 발치에 머무는 것밖에 없지 않을까. 마리아처럼.

마리아는 예수님의 '말씀'에 귀 기울임으로 마음을 모으고 있었고, 그랬기에 그 귀한 향유옥합을 모두 깨뜨리고 예수님 발아래 놓아드릴 수 있었을 것이다. 예수님의 발치, 그 귀한 향유가 흘러넘치는 자리. 그 자리에 머물 수 있을 때에야 비로소 채워지지 않는 공허함에 시달리며 안간힘을 쓰느라 소진되어가는 마음이 토닥토닥 다독여지고 흙바람이 가라앉게 될 것이다.

흙탕물이 일면 물속이 보이지 않는다. 어딘가에서 무언가가 달려들어 내 발을 낚아채 물로 끌고 들어만 갈 것 같은 공포 속에서는 아무것도 제대로 할 것이 없다.

20대 중반, 대기업 홍보실 에디터로 한참 잘난척하며 신나게 일을 할 때였다.

당시에 우리나라에 막 도입되어 유행하기 시작하던 '윈드서핑'을 취재하러 한강에 나간 날이었다. 사진기자와 함께 윈드서퍼를 취재하고 시원한 바람을 가르며 미끄러지듯 올림픽대교 아래 수심이 꽤 깊은 한강을 가로지르는 그림 같은 윈드서핑 장면들을 담아내고, 다시 회사로 들어가기까지 조금 시간이 남았다.

수영도 거의 할 줄 모르는 주제에 '뭐 별일이야 있겠어? 나 원래, 운이 좋잖아.'라는 근거도 없고, 아주 웃기는 교만한 마음으로 구명조끼도 입지 않은 채, 역시 당시에 막 소개되었던 제트 스키를 타게 되었다. 강사가 운전하는 제트 스키 뒤에 타고 소리를 지르며 좋아라 즐기던 순간도 잠시, 급회전하던 제트 스키가 원심력을 이기지 못하고 펑! 소리와 함께 나를 한강 물 한복판으로 꽂아 넣었다. 오만가지 부유물로 뿌옇게 시야가 가려져 그야말로 한 치 앞도 안 보이는 물속으로 정말로 정말로 고통스럽게 빨려 들어가며 까마득해지는 찰나, 누군가 내 한쪽 팔을 있는 힘껏 잡아 올리는 것이 느껴졌고 정신을 잃었다.

가슴이 완전히 갈가리 찢어질 것 같은 고통 속에서 기침하고 물을 쏟아내며 겨우 정신을 차리고 보니, 한강변에 사람들이 누워있는 나를 빙 둘러서서 웅성웅성 난리가 났다.
'아, 그렇게 뿌옇고 더러운 한강 물에 빠져 죽을 뻔했구나, 내가.'라는 생각이 문득 들며 막 울음이 나왔다.

마치 블랙홀에 빨려 들어가는 것이 그런 느낌일까. 폐 속으로 순식간에 빨려드는 물 때문에 극한의 고통을 느끼며 마치 무엇이 물속으로 잡아끌 듯 딸려 내려가는 동안 뿌연 사방을 보며 발버둥을 쳐 봤자 수영도 못하는 데 다가 이미 극심한 공포에 사로잡힌 내가 자력으로 할 수 있는 일이라고는 아무것도 없었다. '아! 이렇게 죽는가보다.' 몸에 힘이 쭉 빠지며 정신이 까 무룩 해지는 순간, 누군가가 나를 건져 올린 것이다.

물에 빠진 사람을 건져내어 살리기 위해서 노련한 구조사는 때로는 오히 려 바로 물에 뛰어들어 구하려 섣불리 다가가지 않고, 허우적대던 사람이 힘이 빠질 때까지 기다린 후 다가가 구해 낸다는 얘기를 들은 적이 있다. 사실 그 찰나의 순간이 영겁처럼 느껴지기는 물에 빠진 사람이나 구하려고 뛰어든 사람이나 마찬가지일 텐데, 그래도 그 영겁 같은 찰나를 인내하는 것은 정말 어지간히 노련한 구조사가 아니고는 실제로는 정말 힘든 일일 것이다.

폭풍우 치는 바다에 빠져 허우적거리고 있는 듯한 상황이라면 안심해도 좋다. 누구와도 비교할 수 없는 최고의 노련한 구조사가 우리를 인내하며 구해 낼 타이밍이 곧 되었으니까. 오늘을 살아가는 우리가 만나야 할 최고 의 구조사 예수님은 '말씀'으로 늘 우리와 함께 계신다.

여차하면 나를 구해 주실 최고의 구조사가 있다는 것을 알게 된 것, 그것이 비로소 나를 자유롭게 했다. 어려운 순간일수록 유난히 꽉 붙들어지는 말씀이 있어 자꾸 그 말씀이 떠오른다면, 그것이 바로 주님이 우리를 건져 올리고 계신다는 신호가 아닐까.

"나다. 무서워하지 말고 안심하여라" (마태복음 14:27)

"믿음이 적은 사람아! 왜 의심하느냐?" (마태복음 14:31)

그동안 크고 작은 풍파를 겪어 오며 어려운 일들이 벌어진 순간과 상황 속에서 나를 참으로 많이 사랑해주고 지지해 주는 가족들조차 줄 수 있는 도움에는 분명 한계가 있다.

어떤 경우에는 '가족보다는 다른 누군가가 이 상황에 도움을 줄 수 있지 않을까.' 생각을 해 보거나 어렵사리 도움을 청해보기도 하지만, 그 역시 마찬가지이다. 그래도 정말 감사한 것은 지금까지 이런 크고 작은 도움들이 다시 주님께서 건져 올리시는 강한 팔을 견딜 만큼의 힘을 내도록 격려의 계기가 되었다는 것이다.

그런 고마운 얼굴들이 하나하나 떠오른다. 감사함이 또한 자유로움을 길러낸다.

06

나도 구원을 받았을까?

그리스도교에서의 구원(Salvation of Christianity)이란, '죄와 그 죄의 결과로부터 해방되어 하나님 아버지께 돌아가는 것'이라고 정리할 수 있다.

성경에서 이 구원의 정의를 가장 선명하게 보여주는 이야기는 '찾고 기뻐함'의 장이라 일컬어지는 누가복음 15장의 '돌아온 둘째 아들', 소위 '돌아온 탕자'인 듯하다.

너무나 유명한 이야기이나, 다시 간단히 정리를 해 본다.

어떤 아버지에게 두 아들이 있었는데 둘째 아들은 제 몫으로 아버지의 유산을 미리 상속받아 멀리 떠나 방탕하게 지낸 결과 가진 재산을 모두 써버리고 어느 집에 몸을 붙여 살며 돼지치기를 한다. 너무 배가 고픈 나머지 쥐엄나무 열매(캐롭나무 열매)까지 먹어야 할 처지가 되었다.

그제야 제정신이 들어 '아버지의 집에는 풍성한 양식이 있어 많은 일꾼이 먹고도 남는데, 나는 여기서 죽게 되었구나, 아버지에게 가서 이제 자격도 없으나 일꾼으로라도 써 달라고 해야겠다.'라고 마음먹는다.

그러나 아버지는 첫째 아들의 볼멘소리에도 불구하고 돌아온 둘째 아들을 "**죽었다가 다시 살아났으며, 잃었다가 다시 찾았다.**" 하며 기뻐하는 것을 마땅하다 하였다.   (누가복음 15:11~32)

이 이야기의 앞에는 잃어버린 양을 찾은 이야기로, "하늘에서는 회개할 필요가 없는 아흔아홉보다 죄인 하나가 회개하는 것을 더 기뻐한다."라는 이야기가 등장한다.

누가복음 15장의 이 두 이야기 모두 죄와 회개 그리고 돌아옴과 기쁨을 말하고 있다.

우리는 누구나 죄인이었지만, 예수 그리스도가 십자가 위에서 흘리신 귀한 피를 통해 대신 속죄 받아 다시 하나님 아버지의 자녀가 되었다.

돌아온 탕자, 둘째 아들 이야기로 다시 가 보자. 구원의 과정을 볼 수 있다.

아버지를 떠나 가진 것을 모두 잃어버리기까지 멋대로 살다가 죽음의 두려움에 시달리게 되었을 때 비로소 '제정신이 들어' 아버지에게 돌아갈 생각을 한다. 이는 나의 모습이고 또 많은 이들의 모습이다.

나 역시 아주 오래전 이미 나를 택하여 불러 주셨지만, 그것이 얼마나 놀랍고도 귀한 초대였는지를 깨닫지 못하고 참으로 오래 걸려 아버지 집으로 돌아온 자이다.

일곱 살 꼬맹이를 신비하고도 놀라운 방법으로 만나 불러 주셨고, 유치원과 초중고 시절 대부분 미션스쿨 계열의 학교에 다니면서도, 그리고 중간중간 친구들을 통해 나를 다시 부르셨어도, 그것이 나를 애타게 기다리는 아버지의 마음이란 것을 몰랐다. 20대 전부를 지나 서른이 되기까지 세상 속에서 내가 잘났다고 은근히 뽐내며 하나님과 성경을 그저 여러 종교 중의 하나, 그 종교를 설명한 책이라는 지극히 나 위주의 해석을 하며 멋대로 살았던 사람임을 고백한다.

오늘 이렇게 나도 구원을 받았는가에 대한 나름의 답을 모색하는 글을 쓰며 찬찬히 돌아보니, 어쩌면 이렇게도 누가복음 속 그 둘째 아들과 내가 한 치의 다름도 없이 놀랍도록 똑같을까!

몹시 부끄럽기도 하다(여담이지만 하필 나는 삼 남매 중 '둘째'이다. 고등학교 이후로 제대로 예수님을 만나기 전까지 십 년 넘게 성경을 종종 읽어 왔지만, 도대체 나와 그 둘째 아들을 전혀 연결하지 못할 만큼 눈먼 소경으로 살아온 것이 하나님 아버지께 더욱 죄송스럽다).

결국 하나님 아버지의 은혜였음을 많은 시간이 지난 후 감사하며 인정하게 되었지만, 건강까지 가진 모든 것을 잃고, 나를 초대하고 기다려 주신 하나님을 전혀 기억 못 하고 어리석게도 목숨까지도 버리려 했던 시간은 정말 고통스러운 시간이기도 했다.

돼지, 소, 말 등의 사료로나 쓰이고 가난 때문에 어쩔 수 없이 먹어야만 하는 정도의 쥐엄나무 열매를 먹게 된 둘째 아들처럼 나 역시 비로소 그런 상태가 되고서야 희미하게나마 제정신이 들어 기도하려고 했으나, 기도조차 막혀 나오지를 않았다.

'아멘!'이라는 단 한 마디라도 입에서 나올 수 있다면, 정말이지 살 것 같은데 그 두 음절의 말조차 나오지 않을 만큼 영혼까지 완전히 바싹 말라버린 상태였었다. '영혼의 깊고 어두운 밤'이라는 표현 외에는 달리 설명할 길 없는 그런 절대적인 고립감과 절망감 속에서 몸까지 날로 쇠해지던 때였다.

이제 '아멘'조차도 못 하게 되었으니 나는 이제 정말 죽나보다 했던 그때, 놀랍게도 강권적으로 다시 나를 불러다 품에 꼭 안아 주신 우리 아버지 하나님!

그렇게 품에 안기고 나니 비로소 '아멘'이라는 기도가 내 입에서 흘러나오고, 비로소 숨을 쉴 수 있는 안도감이 들었다.

수개월을 영혼육이 모두 번아웃 되어 제대로 운신조차 할 수 없었던 내가, 그 즉시 내 발로 일어나 엄마를 따라 다시 교회에 나가게 된 그 사건으로 인해 비로소 나는 구원을 받은 셈이다.

　그러니 그때까지 십 년 가까이 이어지던, 날로 극심해지던 경제적인 문제 그리고 몸과 마음의 고난이 어찌 은혜가 아닐 수 있을까?

　그렇게 구원을 받은 후, 여전히 몸과 마음이 나은 것 이외에는 현실적인 어려움은 달라진 것 없이 더욱 심해졌다. 하지만 그것이 못 견딜 만큼 두렵고 불안하거나 숨이 막힐 만큼 고통스럽지는 않았다. 그 정도로는 죽지 않는다는 배포도 생겼다. 왜냐하면 결국 나를 수렁에서 건져 주실 든든한 나의 구원자, 예수 그리스도가 계시다는 걸 비로소 믿을 수 있었기 때문이다.

　이 글을 쓰는 순간에도, 새삼 그 구원의 기쁨에 가슴이 설레고 떨린다. 도대체 구원이 아니면, 내가 다시 어떻게 이 시간에 이르러 인도하심을 받아 이 이야기를 글로 나누고 있을까?

　'나도 구원을 받았을까?'라는 궁금함이 떠오른다면, 누가복음 15장의 말씀에 찬찬히 귀 기울여 보기 바란다.

　그리고 함께 다음의 질문에 가만히 답해 보자.

　그 이야기가 곧 나의 이야기이기에 가슴이 저리도록 공감이 되고, 다시 안전한 아버지 품에 안겨 있음에 안도하게 되는가?

　그래서 지금 현실의 상황이 어떠할지라도 내 안에 기쁨과 감사함에서 비롯된 설명할 길 없는 평안함으로 충만한가?

그리고 비록 두렵고 떨리는 숱한 순간 속에서도 이 시편의 노래를 외쳐
부를 수 있는가?

그래서 다시 용기를 내어 우뚝 일어설 수 있는가?

"여호와는 나의 빛, 나의 구원이시니 내가 누구를 두려워하리요?

여호와는 내 생명의 피난처이신데 내가 누구를 무서워하리요?

악한 내 원수들이 나를 치러 올지라도 발이 걸려 넘어지리라.

강한 군대가 나를 포위하고 진격해 올지라도 내가 두려워하지 않을 것이며 전쟁이
일어나 적군이 나를 칠지라도 내가 여전히 하나님을 의지하리라.

내가 여호와께 간청한 한 가지 일을 구하리니 내가 평생 여호와의 집에서 살며
그의 아름다움을 바라보고 성전에서 그를 묵상하는 일이다." 아멘. (시편 27:1-4)

07

하나님께 다가가는 7가지 방법

좋아하는 찬양 중에 'Way Maker'(한국어 번안 제목, '길을 만드시는 주')
가 있다.

이사야서 43장 말씀에 관한 찬양이다.

"너희는 이전 일을 기억하지 말며 옛적 일을 생각하지 말라. 보라 내가 새 일을
행하리니 이제 나타낼 것이라 너희가 그것을 알지 못하겠느냐. 정녕히 내가 광야에
길과 사막에 강을 버리니 장차 들짐승 곧 시랑과 및 타조도 나를 존경할 것은 내가
광야에 물들을, 사막에 강들을 내어 내 백성, 나의 택한 자로 마시게 할 것임이라.
이 백성은 내가 나를 위하여 지었나니 나의 찬송을 부르게 하려 함이니라."

(이사야 43:18-21)

반드시 길을 내시고 강을 내신다고, 그것도 비옥한 들에 내는 길이 아닌 광야에, 넘실대는 푸른 강이 아닌 사막에 길과 강을 내신다고 한다.

땅과 대륙에 도로를, 강과 망망대해에 물길을 내신다고 한다. 반드시.

그래서 이 찬양에서는 이 하나님의 맹세에(내가 성경을 읽으며 가장 신기하고 놀랐던 것 중의 하나가 하나님은 종종 '내가 맹세하건대.'라는 표현을 쓰신다. 세상에나! 모든 것을 지으시고 다스리시는 존재가 맹세를. 그것도 나를 위해 맹세까지 하시면서 반드시 무언가를 하시겠다니. 때로 너무 고단해 망연자실 그저 멍하니 멈추어 버리고 싶은 순간, 이 구절들을 만나면 어찌나 든든하고 힘이 되는지), 반드시 내가 광야에 길과 사막에 강을 내시겠다는 이 말씀에 대한 화답으로 인간은 찬양한다.

(Way Maker의 한국어 번안의 가사 중)

"약속을 지키시는 분, 어둠 속의 빛이 되시는, 그는 나의 하나님."

그렇게 그분의 언약, '반드시'에 주목하기 시작하면 그분은 우리 맘을 만지시고, 우리 맘을 치료하시고 그리고 우리 삶을 비로소 변화시키신다.

스물다섯 살 초여름 한강 물에 빠져 죽다 살아난 이후, 물 공포증이 생겨 그로부터 십 년 가까이는 샤워기 틀어 놓고 얼굴을 대고 물을 맞거나 심지어 때로는 머리 감는 것도 무서워 죽을 지경이었다. 처음 4, 5년은 매번 샤워하고 머리 감을 적마다 깊이 심호흡을 하고 각오를 해야만 해서, 주로 욕실에 대야를 따로 마련해 놓고 물을 받아 샤워하고 머리를 감아야 하는 날이 더 많았던 것 같다.

그러다가 세례를 받고, 주님을 하루하루 알아가면서 그런 증세가 조금씩 잦아드는 것 같았다. 그냥 대놓고 "하나님! 나 물이 너무 무서워요. 그래서 샤워도 머리 감는 것도 무서워요! 그러니 물 무섭지 않게 해 주세요!"라고 단순하게 기도를 했더라면 그 정도쯤은 후딱 해결해 주실 수 있었을 텐데, 억울하기도 하다. 그러나 그때는 그런 단순하고 정직한 기도를 할 줄 몰랐다.

사랑은 많으시지만 거룩한 분, 근엄한 분, 그래서 좀 멀게 느껴지는 분. 그랬다.

그래서 예수님이 종종 어린아이들 얘기를 하셨나 보다. 나와 같이 저 멀리서 서성거리며 다가오지 못하는, 혹은 다가오려 하지 않는, 혹은 다가올 엄두도 못 내는 연약한 사람들을 사랑하시니까.

꽤 시간이 흘러 그럭저럭 조금 긴장은 되지만 샤워기를 틀어 놓고 샤워하고 머리도 감을 수 있게 되었다. 하지만 물 공포증은 여전히 진행 중이었다.

그러던 어느 여름 끝자락, 가족이 오랜만에 여름 휴가를 떠났다.

8월 20일. 여름 휴가의 절정은 이미 지난 지가 꽤 되어서인지 푸르고 너른 지리산 자락 아래의 온천 리조트의 큰 수영장이 텅텅 비어 있었다.

경제적으로 고난의 한복판을 지나던 시절, 휴가는 꿈도 못 꾸다가 살짝 숨을 쉴 수 있는 때가 되어서 나선 여름휴가 여행이었다. 이 휴가가 지나고 다시 현실로 돌아가면 아무것도 변하지 않은 여러 가지 산적한 일들이 기다리고 있겠지만, 발길 닿는 곳마다 한적한 여름의 끝자락은 우리 식구들에게 오랜만에 여유라는 선물을 주고 있었다.

그 큰 수영장을 통째로 누리며 '물 공포증을 조금이나마 극복할 수 있을까.' 하여 꾹 참고 첨벙거리며 물속을 뛰어다니고 있는데, 수영을 배운지 벌써 4, 5년쯤 된 우리 아이가 다가와서 "엄마! 내가 수영 가르쳐 줄까?" 하고 외친다(그때나 지금이나 시크하고 단순한 친구라, 이 친구와 대화를 나누고 있으면 왠지 늘 무언가가 가닥이 잡히고 복잡했던 머릿속이 정리되곤 한다).

"싫어! 무서워! 안 해!" 하고 도망가는 나를 붙들어 오히려 더 깊은 물로 데리고 가는 아이. 수영의 간단한 원리를 설명하고 쉬우니까 한 번만 해보라고 자꾸 권했지만, 정말 거의 울면서 다음에 하면 안 되냐고 징징거리는 나에게 아이가 던진 한마디!

"그냥! 머리를! 물속에! 콱 박아! 징징거리지 말고!!! 언제까지 물 무서워하고 수영장 안에서 걸어 다닐 거야! 수영을 배우면 물에 안 빠져 죽으니까 걱정 마! 팔을 쭉 펴고, 물속에, 머리를 콱 박아, 엄마!!!"

순간, 정신이 번쩍 들었다.

'에랏! 수영 못 배우고 또 물에 빠져 죽다 살거나 아예 죽을 순 없지……. 이런 멋진 자식놈이 있는데……!'

흡, 심호흡을 크게 하고, 모든 생각을 멈추고, 물속으로 콱~ 머리를 박아버렸다.

오, 마이 갓! 주여!

너무 신기하게도 머리를 첨벙 물에 확실히 박아버리니 다리부터 몸이 둥실 떠올라, 몸이 주욱 수평이 되었다. 물에 뜬 것이다.

물에 빠져 죽다 살아난 사고 이후, 아주 기초적인 생존 수영이라도 배워야 할 것 같아 수영장 강습에 갔다가 너무 무서워 기겁하고 도망친 후로 십수 년 만의 일이었다.

그렇게 물에 뜨고 나니 신기하게도 잠영으로 물속을 휘저으며 너울너울 돌아다닐 수 있게 된 것이다. 정말 신났다. 이런 신세계가 있다니!

태초에 흑암 중에 하나님께서 수면 위를 운행하실 적, 그때의 수면 아래 세상이 그랬었을까, 이 글을 쓰면서 여름휴가 끝자락, 우리 가족의 전용 풀장 같았던 넓은 수영장에서 생애 최초, 물속의 자유함을 알았을 때의 그 해방감과 기쁨이 되살아난다.

그 뒤로 바로 이어 물에 질식하는 게 무서워서 가글도 못 하던 내게, 아이는 그 초단순 지도법으로 5초 만에 가글하는 법을 전수해 주었고, 그날 이후 샤워나 가글도 아주 잘하며 살고 있다.

정말 중요한 것은 유치원에서 다 배웠다고 하던가.

아이는 이미 유치원 때 마스터한 수영과 가글을 나는 수십 년이 지나서야 배웠다.

막연한 공포, 막연히 안 될 거야, 할 수 없어 스스로 쳐둔 장애물 때문에.

하나님을 만나는 비결도 비슷한 것 같다.

첫째, '힘 빼기'이다.

몸에 잔뜩 힘을 주고는 절대 물에 떠 올라 앞으로 나아갈 수가 없다.

다른 표현으로는 '포기' 아닐까?

포기, 영어로는 Give Up. 나는 중학교 때 이 표현을 배웠지만, 요즘은 유치원만 다녀도 혹은 그보다 훨씬 전에도 배우는 쉬운 영어 표현이다.

그런데 이 표현이 재미있다. Give 'Up'인데 '포기하다.'이다. 위로 주는 것이, 포기라니……

다분히 창조주를 의식한 서양인들의 표현일 것이다. 위로 주는 것. 아래도 아니고 옆도 아닌 위로 준다…….

내 의지로, 내 능력으로, 내 힘으로, 내 계획으로, 그 어떤 나의 전략으로도 안 될 때 유일한 방법은, 그래, 위로 드리는 것이다.

'나는 할 수 없어요, 나는 못 하니 그냥 이제 당신께 드릴게요…….'라는 단순함에 이르는 포기. 나의 모든 것을 내려놓음이 아닌 오히려 올려 드리는 것.

포기를 통해 욕심 많고 고집스러운 우리가 하나님을 만나는 첫걸음이 비로소 디뎌질지도 모르겠다.

둘째는 '용기'이다.

포기했으면, 즉 올려드렸으면 이제 아주 작은 용기가 필요하다. 무슨 도움을 누구에게, 어떻게 청해야 할지 몰라서라기보다 (나의 경우를 돌아보니) 적지 않은 경우 알량한 자존심 때문에 "나를 도와주세요!"라고 솔직해지지 못해 타이밍을 놓치고, 길을 빙빙 돌아 고생을 하거나 더 큰 함정에 빠져 허우적거리느라 에너지를 소진하곤 하는 듯하다.

그럴 때 바로 작은 용기가 필요하다.

우선 살고 봐야 하지 않겠는가. 더구나 도움을 청할 상대는 전능하신 Mighty my Lord!이시다. 하나님이 그저 그때그때 내 어려움이나 해결해주시고, 내 소원을 들어주어야 하는 램프의 요정 지니는 아니시지만, 그리스도인이 아버지라고 부르는 그분(꼭 그리스도인이 아니어도, 나도 그랬지만 많은 우리나라 사람들은 어려움에 빠진 순간 탄식처럼 절로 입에서 나오는 소리가 있지 않은가? 아이고, 하나님 아버지!)에게 용기를 내어 손을 내밀어야 하는 순간이 오면, 진창에 빠져 발목이 꽉 잡혀 있다면, 우선 손을 쭉 위로 뻗어 올리자. "아버지! 나 여기 있어요, 도와주세요! 살려주세요!"라는 용기를 내 보자. 그런 위기의 순간을 외면하실 아버지가 아니시다.

셋째, '일어나기'이다.

손을 위로 뻗어 올려 그분이 내 손을 잡으셨으면 이젠 나도 그분 손을 잡고 일어나야 한다. 애써 일어나야 한다.

이사야서 60장, 그 웅장한 말씀의 서두도 "일어나라."로 시작되지 않던가.

인간은 직립 보행을 하도록 지으셨다. 일어나 두 발로 땅을 디디고 일어서는 존재가 인간이다.

고개 숙이고 아래를 보고 엎드려 울고 있을 때, 도무지 고개를 들어 앞을 볼 엄두조차 나지 않을 때 마음을 다잡아 보자, 그분이 내 손을 잡아 올리실 테니. "그래, 일어나자."라고.

넷째, '발 딛기'이다.

꽤 오래전 영화인 '인디애나 존스 1편' 중 내가 가장 좋아하는 장면이 있다. 예수님의 성배를 찾아 모험을 떠난 주인공. 모험의 거의 막바지에 이르러 적들에게 쫓기던 마지막 순간, 용암이 부글부글 시뻘겋게 끓어오르는 천 길 낭떠러지 앞에 끼익! 뒤를 돌아보니 사나운 이를 드러낸 괴물들이 있는 힘을 다해 쫓아오고 있고, 바로 앞은 뛰어들면 바로 죽음인 용암 강물 위의 절벽. 건너편 절벽은 멀기만 하다.

뒤쫓는 적들에게 성배를 뺏기고 결국 죽임을 당할 것인지 어떨지 보는 사람도 아득해질 만큼 급박한 위기의 그 순간, 카우보이모자를 눌러쓴 용감한 우리들의 주인공 인디애나 아저씨는 휙~ 하고 허공으로 몸을 날린다(물론 주인공이니까 죽을 리는 없다는 걸 알면서도 '오메! 저걸 어쩐다냐!'라는 탄식이 절로 튀어나온다).

그때다. 갑자기 허공에서 떨어지는 주인공 발아래로 슈우욱~ 등장하는 단단한 돌다리!

생각할 겨를도 없이 인디애나 씨는 냅다 앞으로 발을 내디뎌 달리기 시작한다. 그렇게 한 걸음 내 달릴 때마다 슈슈슉~ 드러나 이어지는 돌다리의 안내로 무사히 건너편 절벽에 안착.

뒤따라 오는 적들 앞에서 그 천 길 낭떠러지 위 돌다리는 와르르 순식간에 무너져 내린다.

오래전 영화를 보았던 그날 이후 위기의 순간이 올 때면 종종 그 장면이 떠오르곤 했고, 왜인지 어릴 적부터 막연히 하나님의 존재를 믿고 있던 나는 그때마다 내 발아래에도 그 다리를 놓아주실 거라는 막연한 믿음이 있었던 것 같다.

그래서였을까. 삶의 파고가 높아질수록 오히려 내 안에 '에잇, 까짓거 죽기야 하겠어? 에라, 죽으면 좋지 뭐. 천국에 가면 되잖아!'라는 단순 무식한 믿음이 스며들어 있다. 지금은 제법 체중이 늘어 오히려 고민이지만, 불과 십 년 전쯤까지만 해도 십 대 이후 내내 40킬로 초반에 겨우 머물던 체중으로 살아오던 연약한 육신의 나였다. 그러나 강단은 있었는데, 그 '깡'은 지금 보니 그분이 나에게 심어주신 한 때를 헤쳐나갈 무기 같은 것은 아니었을까. 해낼 수 있다고 믿어 주시고, 한 번 스스로 헤쳐나와 보라고 내게 만들어 쥐여주신 만능 무기. 믿음.

별별 일이 다 일어나는 우리 삶에서 때론 '무모한 희망'만이 희망일 때가 있는 것 같다. 그 희망을 작동시키기 위한 첫 단추, 그분 안에서의 '무모한 용기 내기.'

인간의 가장 원초적이고 근원적인 두려움, 죽음.

그러나 용기를 내 보자, '에라! 까짓거 해 보자, 죽기야 하겠나.' 혹은 '죽기밖에 더하겠나, 천국에 갈 텐데!'

다섯째, 성경을 통해 '하나님의 마음 읽기'이다.

힘도 빼고, 용기도 내고, 일어나 발을 디뎠으면 이제 그분의 마음을 읽어 보자.

나의 맘을 만지시고, 치료하시고, 삶이 변화되기 시작하기까지 먼저 다가와, 아니 늘 묵묵히 내 곁에서 실시간으로 내 마음을 읽어 주고 계시던 그분이시니, 이제 나의 고집, 불필요한 나의 에고, 그 독기를 포기하고 그분의 마음을 읽어보자.

그분의 마음을 읽는 가장 확실하고 안전한 방법이 이미 우리에게 있으니 얼마나 다행인가. 성경, 말씀은 온통 그분의 마음, 그분의 우리에 대한 짝사랑에 가까운 사랑의 고백이다.

여섯째, '포기하지 않기'이다.

반드시 약속을 지키시는 의로운 고집쟁이 우리 하나님이다. 그분 닮아서 손해 볼 것 하나도 없는데 뭘 주저할까.

반드시 척박한 광야에 길을 내시고, 버썩 마른 사막에 강을 내시는 약속을 지키실 것이다. 그분이 반드시 약속을 지키기 위해서는 무엇보다 내가 절대로 포기함이 없어야 한다.

그분의 품성은 절대로 포기하지 않으시는 것이다. 그러니 우리도 손해 볼 것 없는 그분을 닮으면 된다. 절대로 포기하지 않기, 그분이 내어가시는 '선한 길'로 나아가는 것을.

일곱째, '그리고 기도'이다.

"항상 기뻐하라. 쉬지 말고 기도하라. 범사에 감사하라. 이는 그리스도 예수 안에서 너희를 향하신 하나님의 뜻이니라." (데살로니가 1 5:16-18)

이 말씀의 순서가 항상 흥미로웠다. 얼핏 생각하면 하나님과의 소통이라 일컬어지는 '기도'가 제일 먼저 아닐까? 그런데 기도는 두 번째로 등장한다. 가운데다.

기뻐함과 감사함이라는 하나님과 살아가는 기본 원리, 두 원리를 연결하는 커넥터, 기도.

먼저 기뻐하지 않으면 기도할 수 없고, 기도했으면 당연히 감사함에 이를 수밖에 없어서는 아닐까?

그러니 기도하기 전에 우선 나는 기쁜가? 내 안에 하나님이 가지시는 그 기쁨, 조에(Zoe), 생명을 잉태하고 우리를 살게 하는 생명의 기쁨 Zoe가 있는가?

나의 기도 무릎은 지금 '기쁨' 위에 놓여 있는가.

그리고 기도했으니 이제 나는 감사한가?

실컷 울며불며, 데굴데굴 구르며, 때로는 금식까지 하면서 기도했는데 감사함이 내 안에 없다면, 그렇다면 그 기도는 하나님 안에서의 기도가 아니었는지도 모른다.

기도라는 중심축을 작동하고 점검하게 하는 좌우의 원리, 기쁨 그리고 감사.

이 세 가지를 우리에게 말씀으로 명징하게 알려 주신 하나님은 참 멋진 분이다.

08

지금 하나님과 만나라

내가 블로그에 연재하던 '고 코치와 지니 님이 함께하는 날마다 운동' 코너가 있다. 코로나 한복판이던 2021년 2월 1일부터 함께 운동을 시작한 윤진 님(언젠가부터 서로에게 애칭을 붙여 주었는데 지니 님은 내가 불러드리는 윤진 님의 애칭이다. 램프의 요정 지니처럼 재주도 많고 사랑도 많은 분이다). 나는 경기도에 살고, 윤진 님은 경상북도에 사는데, 이 글을 쓰는 날짜 기준으로 조금은 특별한 이 1:1 PT는 452일째이다. 물론 하루도 안 빼고 매일 운동 레슨을 하는 것은 아니다. 2개월여 전부터는 필자의 일정으로 인해 주중 4일로 줄이게 되었다. 그전까지는 월~금 주5일을, 그중 서로의 부득이한 일정이 생기면 저녁 또는 토요일로 조정, 보강이라도 해서 주5일을 어떡하든 채우려고 했다.

그렇게 이어오다가 올 초 드디어 지니 님의 버킷 리스트인 '바디 프로필' 사진 촬영을 건강하고 즐겁게 마칠 수 있었다. 그리고 다시 날마다 진행된 아침 운동은 쉬운 일이 아니었다. 그러나 지니 님도 나도 이 여정을 통해 배운 가장 확실한 한 가지가 있다면 꾸준할 것, 즉 포기하지 않는 것이다. 날마다 운동을 통해 건강해지고 삶이 풍성해지기 위해 그날 블로그 글을 통해 독자들에게 한 제안은 '포기하지 않기'였다.

포기, 영어로는 Give Up. 영어를 배울 때 거의 처음으로 배우는 숙어 중 하나일 만큼 접한 지 오래되기도 했고, 한때는 학생들과 성인들 영어를 가르치는 일을 생업으로 삼기도 했었는데 그날에서야 눈에 들어온 것이 있다. 포기하다가 Give Up. Give, 준다, 어? 그런데 Down(아래로)이 아니라 Up(위로)이라고?

영어 문화권은 그리스도교 문화권 위에서 발전해 온 문화이니 이 표현도 무언가 남다른 사연이 있을 것 같았다. 앞에서도 밝혔듯 '포기하다, 항복하다.'로 번역되는 이 'Give Up'의 어원은 성경 구절이었다.

[John 19:30] "When Jesus therefore had received the vinegar, he said, It is fnished: and he bowed his head, and gave up the ghost."

"예수께서 신 포도주를 받으신 후 가라사대 다 이루었다 하시고 머리를 숙이시고 영혼이 돌아가시니라." (요한복음 19:30)

죽어서 그 영혼이 하늘로 올라가는 것, 그것을 언젠가부터 사람들은 '포기하다, 항복하다.'라는 표현으로 사용한 것이다.

흔히 '비우다, 내려놓다.'라는 표현을 쓴다. 대부분의 사람에게 '포기하는 것'의 이미지는 비우고, 내려놓는 것 같기도 하다. 그런데 무언가를 위로(하늘로, 아버지께로) 올려 드리는 것, 그것이 '포기하다.'라니……. 눈이 번쩍 뜨이는 것 같다. 무언가 오래도록 풀리지 않아 끙끙거리던 숙제의 실마리 한끝을 드디어 잡았을 때의 그런 느낌.

예수님이 모두에게 영원한 생명(하나님을 아는 것)을 주시기 위해 우리와 같은 '살'과 '피'를 가진 존재로서 마지막으로 행하신 일이 다름 아닌 Give Up이었다니…….

마지막 호흡까지, 인간이란 존재의 모든 것을 위로 올려드리는 것, 그 단순한 일을 깨닫지 못해 그동안 '비운다는 것, 내려놓는다는 것, 포기하는 것'이 그리 막연하고 어렵게 여겨졌는지 모르겠다.

삶의 마지막 순간, 나의 호흡을 내려놓는 순간을 문득 떠올려 본다. 그리고 그 숨결을 불어넣으신 이에게 마지막 숨을 순하게 올려 드리는 것이 '마지막 진정한 포기이겠구나.'를 요한이 전한 예수님의 마지막 모습에서 마주하게 된다.

그리고 그 요한은 19장보다 한참 앞선 3장 16절에서 "하나님은 사랑이시라."라고 선언을 했다. 하나님이 고스란히 우리와 같은 육신이 되시어 오셨던 예수님, 사랑이신 그분의 마지막 행위였던 포기하기, Give Up.

아버지께로부터 오셔서 다시 아버지께로 숨결을 돌려 올려드리고 가신 예수님.

피조물인 우리의 시작과 끝도 마찬가지여야 할 텐데, 하물며 그냥 피조물이 아닌 영생을 가진, 즉 아버지, 우리의 근원을 아는 존재가 된 그리스도인이라면 누구보다도 그 시작과 끝을 정확히 알아야 할 의무가 있지는 않을까.

하나님을 만나는 비결, 그 첫 자리는 '우리가 만나야 할, 간절히 만나고 싶은 그분이 어디로부터 오셨고 어디로 어떻게 가셨는지를 아는 것이겠구나.' 라고 생각한다.

아직은 육신이 살아 사랑하던 사람들에게 지상에서의 끝인사를 고요히 전할 정도의 숨결만이 마지막 순간 남아있다면, 그 순간 더 바랄 것이 무엇이 있을까.

그리스도인들은 흔히 얘기한다. "우리는 복음 가진 자들"이라고. 그리고 "땅끝까지 복음을 전해야 한다."라고. 그런데 예수님이 우리에게 남기신 복음, 복된 소식은 단 하나 '서로 사랑하라.'이며, 그러면 당연히 때론 목숨까지 걸고 땅끝까지 전해야 할 이야기는 예수님이 그러하셨듯 그 사랑을 전하는 것이다.

어느덧 그 복음은 다른 많은 것들로 대체가 되었고, 땅끝까지 분주히 오가며 전하는 것은 그래서 그 복음, 사랑이 아닌 다른 것인지도 모를 것들이 너무 많아져 버린 세상은 아닐까. 복음을 모르는 사람들에게 복음을 전한다면서 때론 더할 나위 없이 배타적이고 무례하거나 지나치게 과격하고, 때론 비상식적이기까지 한 방법들을 동원해서라도 예수를 알린다고 하는 사람들도 적지 않은 듯하다.

예수님이 내 이름, 예수를 알리라 하신 적이 있던가? '예수'라는 그 이름을 몰라도 그분이 우리와 더불어 사시며, 몸소 행하며, 서서히 보고 듣고 느끼게 하신 '사랑'이 그저 평범한 나 한 사람, 우리 이웃 한 사람을 통해 또 누군가에게 보여지고 느껴져 '아, 저렇게 행하는 사람도 있구나.'라는 마음이 들어 그 사람을 눈여겨보기 시작하고, 그 사람의 얘기에 귀를 기울이게 된다면, 그것이 복음의 문이 열리는 것이 아닐까?

그러면서 그 사람도 서로 사랑하며 산다는 것에 대해 막연히가 아닌 구체적으로 알아가게 되는 기쁨 그리고 그 사랑이 바로 예수님이라는 걸 아는 그 놀라운 기쁨을 누리게 되면 예수님도 많이 기뻐하시지 않을까?

고린도전서 13장에 소개되는 '사랑은'의 정의는 무려 15가지나 된다. 하나하나조차도 결코 쉽지 않은데 무려 15가지.

'사랑장'을 다시 찬찬히 읽으며 생각해 보았다. 아, 여기서 얘기하는 사랑은 하나님의 성품이신 거구나, 그 모든 것을 다 품으시는 하나님의 성품이구나. 그러니 우리 각자는 결코 그 15가지로 대표되는 온전한 사랑을 할 수 없는 존재이고, 그래서 우리는 '서로 사랑'할 수밖에 없는 존재이구나.

'누군가' 혹은 '어느 순간', 오래 참는 사랑을, 친절을, 시기하지 않음을, 뽐내지 않음을, 교만하지 않음을, 무례하지 않음을, 자기 이익을 추구하지 않음을, 성을 내지 않음을, 앙심을 품지 않음을, 불의에 기뻐하지 않음을, 진실을 두고 함께 기뻐함을, 모든 것을 덮어 줌을, 모든 것을 믿고, 모든 것을 바라고, 모든 것을 견디어 냄을 각자 혹은 순간마다 그저 하나씩을 실행할 수 있을 뿐인 듯하다.

생각해 보라. 이 열다섯 가지를 매일, 동시에, 모두, 해낼 자신이 있는가? 그런 사람을 본 적이 있는가? 아마도 이 무한도전 같은 일의 모두를 우선 그저 위로 올려보내 드리는 것, 포기하는 것, '나는 결코 다 할 수 없어요.' 하고 항복하는 것만이 유일하게 우리에게 맡겨진 복음을 땅끝까지 전할 수 있는 비결에 눈 뜨는 시작일지도 모르겠다.

내가 참 좋아하고 부를 기회가 생기면 매번 아주 열렬히 즐겨 부르는 노래가 있다(참고로 찬양이 아니다. 혹자는 그리스도인이 그런 뮤지컬의 노래를 즐겨 부른다고 혀를 끌끌 차거나 흘겨볼지도 모른다. 그간의 경험에 의하면 의외로 적지 않은 그리스도인, 특히 개신교 종파의 그리스도인 중 일부는 전통적인 찬송가 또는 찬양 - 복음성가 - 이라 일컬어지는 노래가 아닌 대다수의 대중 미디어의 콘텐츠를 접하는 것에 직간접적으로 거부감이나 정죄감 같은 것을 갖고 있는 듯하다. 그중 누군가 소위 더욱 '뜨거운 그리스도인' 중 일부는 그런 것을 부르고 보고 듣는 이들을 비난하기도 한다).

고백하자면 나 역시 잠시 그런 시기가 있었다. 하필이면 우연히도, 가톨릭 이후 내가 경험했던 개신교 교회 두 곳 모두가 공교롭게도 워낙 뜨거운 찬양, 열성적인 예배로 소문난 곳이었는데, '지금 이 순간'이라는 노래로 유명한 뮤지컬인 '지킬박사와 하이드' 같이 유령, 귀신, 게다가 사람이 그런 존재들에 의해 영향을 받는 내용을 다루는 대중매체에 특히 매우 극렬한 거부감을 느끼게 하는 분위기가 분명 있지 않았나 싶다.

세상 것은 모두 악의 소산, 오직 '우리 교회' 안에서 가르치는 것들만 안전하고, 순결하고, 옳은 것이라는 이분법적인 논리 안에서 지내다 보니 언젠가 나 역시 교회 다니는, 그것마저도 언젠가부터는 '우리 교회 다니는 사람' vs '우리 교회 안 다니는 사람'의 이분법적 생각의 관계망 안에 갇혔던 것 같다.

날마다 모여 뜨겁게 주여, 주여 울며불며 부르짖으며 기도하고 찬양하면서 언젠가는 나도 하나님의 일을 해야 하는데, 언젠가 나를 파송해 주실 하나님을 기대하며 살고 있는데. '왜 나는 아직'이라고 생각하며 사는 그리스도인이 한때 내 모습이기도 했다. 아마도 이것이 많은 그리스도인의 모습이 아닐까.

하나님을 만나는 비결, '지금 바로 이 순간' 내가 있는 곳에서 내가 닮고 싶은 예수님이 하셨던 일을 하나씩만이라도 행해 보는 것은 아닐까 생각한다.
가이드가 아주 간결하고 확실하다. 아주 선명해서 무얼 해야 할지 금방 알 수 있다.

참고 기다려 주기,
친절하기,

시기하지 않기,

뽐내지 않기,

교만하지 않기,

무례하지 않기,

내 이익을 추구하지 않기,

화내지 않기,

앙심 품지 않기,

불의를 보고 기뻐하지 않기,

진실을 두고 함께 기뻐하기,

모든 것을 덮어 주기,

모든 것을 믿어보기,

모든 것을 소망해 보기,

모든 것을 견뎌내 보기…….

이걸 다 해야 하는 것도 아니다.

하나도 하기 힘든 나였는데, 어느새 필요할 순간, 그중 하나쯤은 할 수 있
게 되고, 어느새 하나씩, 하나씩 이것 중 할 수 있는 일이 많아진다면…….

이 모든 것을 행하셨던 예수님을 믿고 따르며 그분 가까이 가고 싶어 했
던 군중들이 구름떼처럼 늘어났던 것처럼, 그런 한 사람 한 사람을 지켜보

며 다가오고 마음과 이야기를 나누고 싶어 하는 사람들이 조금씩 늘어나는 것. 그것이 어쩌면 정말 마지막 때라 불리는 날로 혼탁해지는 이즈음 우리가 해야 할 선교와 전도 활동의 구체적인 모습일 것 같다.

이 행위들을 가만히 살펴본다.

하나하나, 지금 이 순간 할 수밖에 없는 일들이다. 미뤄놨다 할 일이 아니다.

어린아이라도 누구나 어렴풋이 알지 않는가, 인간인 우리를 비롯하여 피조물들은 그저 지금 이 순간만을 이어가며 살아가는 존재라는 것을.

그러려면 뭔가 거창하게, 소리높여, 위대하게 하나님의 일을 단단히 준비한 후 해보려는 무거운 마음을 포기하는 것, Give Up! 해보면 어떨까?

영화 제목 하나가 문득 떠오른다. '은밀하게 위대하게.' 좀 더 생각해 보니 어느 순간 욱하고 올라오는 화를, 지그시 눌러 참아 보는 것 같은 일이 뭐, 막 자랑하며 드러낼 일이던가. 그저 '은밀하게' 하다 보면, 언젠가는 주님만 '위대하다.'라고 등 두드려 주시기만 하면 얼마나 좋겠는가.

나보고 다 하라 하시지도, 다 잘하라 하시지도 않고 '그저 네가 할 수 있는 만큼 네 이웃과 더불어 내가 일러 준 대로 이렇게 살아 보거라.' 하신, 참 좋은 주님.

이렇게 해 보거라, 이미 온전한 모델을 예수님을 통해 다 보여주셨으니 마음 한편이 가볍다. "달랑 지금 입은 옷과 신발 하나 말고는 아무것도 지니지 말고 둘씩 손잡고 길을 떠나 보라." 하신 예수님 목소리에 가만히 귀를 기울여 본다.

"얘야, 뭘 그렇게 무겁게 이고 지고 길을 나서니, Give Up! 무거운 건 내게 맡겨라."라고 얘기하시는 것 같다. 예수님은 정말, '짱'이다!

2장

마지막 때,
그리스도인이
공부해야
할 것들

01

그리스도인이라면 공부해야 한다

우리는 인류 역사상 그 어느 때보다 다양한 세계관과 가치관이 공존하는 세상에 살고 있다.

시대마다 그랬으나 4차 산업혁명으로 인해 더욱 많은 가치관의 통합, 융합이 필요한 시대이다.

이런 세상 속에서 그리스도인은 어떤 방식으로 살아가야 하는가, 깊이 고민해야 할 사람들이기도 하다. 하나님이 우리를 창조하시고, 세상을 정복하고 다스리라 하셨으니 말이다.

그런 면에서 같은 제목, 그러나 약간의 시차를 두고 있으며, 국내외의 다른 저자가 쓴 책 두 권에 의미 있는 눈길이 머문다.

첫 번째 《공부하는 그리스도인》. 이 책은 2010년도 우리나라에서 번역 출간된 책이다(저자 도널드 오피츠, 데릭 멜러비, 이지혜 번역, IVP).

'공부의 이유와 목적에 대해 고민하는 청년들을 위한'이라는 부제목에서도 짐작할 수 있듯이, 공부의 시간과 공간을 우선은 대학이라는 울타리 안으로 한정하고 있다.

신앙인으로서 어떻게 살아가며, 세상의 학문, 배움 그리고 더불어 살아가는 동료들과의 교제 가운데 고민하는 모습의 균형을 어떻게 이룰 것인가에 집중하고 있다.

이 책의 6장에 나오는 내용을 일부 소개한다.

"그리스도인들은 통합적 관점을 개발하는 데 유리한 고지를 차지하고 있다. 그 통합이 어디서 오는지 알기 때문이다. 하나님 한 분만이 통합의 근원이시오, 의미의 근본이시다. - 중략 - 우리는 모든 사물을 창조주와의 관계에서 이해하려고 애쓰며, 그러므로 어떻게 하면 삶의 다양한 분야가 하나님께 영광을 돌리고 서로 연결되어 그분이 의도하신 창조적 조화와 평화(샬롬)를 가져오는지 이해하기 위해 노력한다."

두 번째 《공부하는 그리스도인》(이원석, 두란노, 2016)을 살펴본다.

이 책의 부제는 '그리스도인에게 공부란 무엇인가'이다.

우선 저자가 소개하는 한자어, 공부(工夫)는 '배우고 익히고 슬기를 닦는 일'이라 정의된다. 그리고 저자가 깊고 다양한 공부를 통해 정리해 놓은 공부에 관한 설명 중, 특히 이 부분을 주목하고 싶다.

"바른 공부는 바른 행위 이전에 바른 존재를 만드는 것."

"삶으로 예배드리는 모습."

"몸으로 반복하여 익히는 것은 앎과 삶의 간격을 줄이는 것" 등이다.

한 권은 대학이라는 울타리에 초점을 맞추어 그 울타리 안에서의 그리스도인의 공부를 얘기한다면, 두 번째 책은 그리스도인의 삶 전체로 그 시선을 넓힌다.

첫 번째 책의 6장에서 언급했듯 통합의 근원 되시는 하나님을 믿는 그리스도인이야말로 다양성의 시대 속 든든한 기준 위에서 통합의 역할을 가장 잘 수행해 낼 수 있다는 전제는 매우 중요한 일이다.

아무도 답을 알 수 없는 세상이다.

그리고 아무리 과학이 발달하고 있다고 해도, 우리의 가장 큰 관심사인 내일, 미래에 대해서는 그 휘황한 과학기술의 힘을 빌리더라도 접근하는 데는 분명한 한계가 있다.

그러므로 우리가 할 수 있는 일은, 바로 '오늘을 지혜롭게 잘 살아가는 것'으로 국한될 수밖에 없다. 우리가 하나님을 믿는 이유는, 나는 왜 태어났으며, 어떻게 살아야 하는가에 대한 진리, 그 확실한 가치, 진리에 거할 수 있기 때문이다. 이 진리에 닻을 내리지 않으면 자칫 인생은 결국 공허함에 이르게 되거나 수단에 불과한 것들이 절대적인 목적이 되는 맹목, 즉 우상을 안고 불안해하며 끝내 흔들리다 끝내는 것이 된다.

인간은 처음 아담의 타락 이후 인간 스스로가 옳고 그름, 모든 판단의 기준이 되려 하는 길로 접어들었고, 아주 오랫동안 그 판단의 잣대인 율법 아래에서 지내 온 존재이다. 자신이 예수님을 통해 하나님의 자녀가 되었다는 말도 안 될 만큼 엄청난 존재의 변화를 겪은 사실을 제대로 인식하지 못하는 그리스도인으로 살아간다면, 하나님을 믿지 않는, 혹은 알지 못하는 이들과 별반 다를 것이 없는 삶을 살게 된다.

스마트폰이라는 손바닥 위의 세상에 마치 모든 것이 담겨 있는 듯한 착각 속에서 소위 세상의 풍조를 따라 이리로 저리로 휩쓸리다가 일생을 마무리할 수는 없지 않은가. 우리는 그리스도인, 예수 그리스도를 따르는 자들이지 않은가.

그렇기 때문에 그리스도인이라면 세상의 그 누구보다도 세상의 흐름을 잘 읽어내고, 그 흐름이 의미하는 바가 무엇인지를 알아내고, 어떻게 여기저기 각자의 소견대로 흩어진 견해들 속에서 본질을 발견하고, 그 본질들을 어떻게 내 삶 속에서 실제로 구체화하여 살고, 사랑하고, 나눌 것인가를 가장 치열하게 추구해야 하는 존재, 공부해야 하는 존재들이다.

잘 알려진 '1만 시간의 법칙'이라는 것이 있다. 한 분야에 통달하려면 적어도 그 분야에 1만 시간 만큼의 물리적인 시간과 애정, 수고로움이 필요하다는 것이다.

1만 시간의 법칙은 안데르스 에릭슨 미국 플로리다주립대 교수가 1993년 발표한 논문에 처음 등장한 개념인데, "실력이 상위권인 바이올린 연주자들의 경우 20세까지 평균 1만 시간을 훈련한 것으로 나타났다."며 "능력은 타고난 재능보다 연습량에 달려있다."고 주장한 데서 비롯되었다.

1만 시간의 법칙을 대중에게 알리는 데에 기폭제가 된 것은 말콤 글래드웰의 《아웃라이어》라는 책이다. 그런데 이 책에서 저자는 오직 노력으로 1만 시간을 채운다고 모두가 원하는 바에 도달할 수 없음에 대해 비판하고 있다. 즉, "자기 재능에 대한 이해 없는 노력은 시간 낭비다."라고 꼬집고 있다.

한국판 《공부하는 그리스도인》의 저자 이원석이 〈CBS〉 방송국에서 '이원석과 함께 읽는 자기계발서' 코너를 담당하면서 강조했던 부분이 있다.

"'노력하는 자가 재능 있는 자를 이긴다.'라는 헛소리의 전제는 재능 있는 자가 노력하지 않고 자기 재능만을 의지할 때다. 남이 포기하거나 혹은 충분하다고 여기는 지점에서 재능 있는 이들은 더 나간다. 능력 없는 이들이 한 걸음 나갈 때 재능 있는 이들은 두세 걸음, 혹은 그 이상 앞서가게 마련이다. 노력으로 재능을 이길 거라고? 꿈 깨시라."

'1만 시간의 법칙' 이야기를 통해 얘기하고 싶은 두 가지가 있다.

하나는 '1만 시간의 법칙'이 무조건 노력하면 된다는 지극히 자기중심적인 의지론을 얘기하고 있는 표면적인 이야기가 아니라는 것이다. 이와 마찬가지로 그리스도인들이 알고 있다고 생각하는 것들에 대한 좀 더 진중한 접근이 필요하다.

스마트폰 하나에 모든 세상이 담겨 있는 것 같지만, 내가 접근하는 정보의 종류, 범위에는 명백한 한계가 존재한다. 나라는 존재의 한계 안에서 보는 세상일 뿐이다.

두 번째는 '노력으로는 이길 수 없는 재능'에 관해서이다.

'노력하는 자가 재능있는 자를 이긴다.'라는 헛소리, 노력으로 재능을 이기는 것은 깨야 할 꿈이라고 얘기할 때 과연 나는, 당신은 어떤 반응을 하는가 살펴보자.

'그래, 나는 그만한 재능이 없지······.'라고 고개를 숙인다면? 그는 과연 "내게 능력 주시는 분 안에서 모든 것을 할 수 있다."라는 성경의 말씀을 믿는 이일까 돌아보자.

하나님이 모든 것을 대신 이루어 주시지는 않는다.

그러나 우리는 무한한 하나님의 능력, 그 재능을 가진 이들이다. 그것이 그리스도인이며, 그렇기 때문에 세상 속에서 그리스도인이 공부해야 하는 이유이다. 하나님의 자녀라는, 그 압도적인 재능 위에서 해야 하는 노력이 우리가 해야 할 일이다.

세상이 얘기해 주는 것을 그대로 믿고, 따르고, 흉내 내다 넘어지고, 휩쓸려가지 않기 위해 영생, 즉 영원히 변하지 않는 진정한 생명이 무엇인지 알고 나아가는 그리스도인은 누구보다 치열하게 내가 해야 할 세상의 것들도 공부해야 한다.

하나님을 알아가는 과정이 곧 공부이다. 그리고 하나님은 온 우주를 지으셨다. 하나님이 지으신 세상에 대해 공부해야 하는 이유가 여기 있지 않을까?

열두 살의 예수님 모습이 떠오른다.

"예수가 열두 살이 되는 해에도, 그들은 절기 관습을 따라 유월절을 지키러 예루살렘에 올라갔다. - 중략 - 사흘 뒤에야 그들은 성전에서 예수를 찾아냈는데, 그는 선생들 가운데 앉아서 그들의 말을 듣기도 하고, 그들에게 묻기도 하고 있었다.

"그의 말을 듣고 있던 사람들은 모두 그의 슬기와 대답에 경탄하였다."

(누가복음 2:42, 46-47)

열두 살의 예수님은 선생들과 토론하기에 부족함이 없으셨을 것이다. 이 성경의 장면에서처럼 '듣고, 묻는 방법'으로 치열하게 공부하셨기 때문이 아닐까.

세상을 공부하는 가장 지혜로운 방법도 예수님 안에 모두 있다.

<u>02</u>

과학만능주의 그리고 가짜과학의 함정

"…… 그리스도를 죽은 자 가운데서 살리심과 같이 우리로 또한 새 생명 가운데서 행하게 하려 함이니라. 만일 우리가 그의 죽으심을 본받아 연합한 자가 되었으면 또한 그의 부활을 본받아 연합한 자가 되리라." (로마서 6:4-5)

특히 예수님의 부활이라는 이 유일회적인 특별한 사건은 현대의 많은 과학자의 관점으로는 측정의 오류 또는 데이터의 조작으로 보이므로 쉽게 받아들이지 못한다. 그러나 이것은 오직 과학의 눈으로 판단하려 할 때의 문제일 수 있음을 인식하는 것도 필요하다.

"과학은 '법칙'이라는 보편성의 눈으로 모든 사건의 개별성을 설명하려고 시도하지만(특정 법칙으로 인간사의 모든 사건을 설명), 신앙은 '특정한 계시 사건'이라는 개별성의 눈으로 모든 사건의 보편성을 설명하려고 시도합니다(특별한 법칙으로는 설명 불가능한 '고유성'에 의해 일어나는 '유일회적 계시'라는 사건을 각자가 자신의 경험에 비추어 받아들일 수 있음)." 《《과학과 신앙 사이》, 김도현, 생활성서, 2022)

과학은 자연계에 있는 물질의 실체와 그사이에 존재하는 법칙에 대해 그것의 진정한 모습을 규명하는 것으로 재현 가능한 문제만 다룰 수 있으며, 사실인지 아닌지를 말하는 학문이다.

다양한 방향으로 진보하는 과학은 무엇이 존재하는지에 대해서는 말할 수 있지만, 무엇이 존재하지 않는지에 대해서는 말할 수 없는 학문이다. 인간이 과학적인 방법으로 밝혀냈고 앞으로도 밝혀낼 자연은 뚜렷한 한계가 있다. 인간이 모든 것을 다 알 수 없는 자연 그 자체는 매우 복잡하고 심오하다. 과학에 대한 치우친 해석, 과학만능주의를 경계하고 다가올 인공지능에 대한 위협과 기대에 대한 숙고가 필수이다.

과학에 대한 설명 중 과학의 본질이자 특징을 들자면 과학의 '재현 가능성'(영어로 Reproducible)이다. 반복하여 재현 가능한 문제가 그 대상이 된다는 것, 즉 과학은 몇 번이고 반복해서 시도해 볼 수 있는 문제에 대해서만 성립된다는 것이다.

과학은 어떤 사항에 대한 '사실' 여부를 다루는 학문이기 때문인데, 이것은 곧 과학은 무엇이 옳다, 틀리다 혹은 아름답다, 아름답지 않다는 것에 대해 말하지 않으며 말할 수도 없다는 것을 나타내고 있기도 하다. 재현 가능한 현상—사실을 다루는 학문이 바로 과학이다.

과학에서 말하는 '사실'에 대한 정의를 정리해 보면, 여러 사람이 같은 사항을 조사할 때 항상 동일한 결과를 도출할 수 있다면 그것을 '사실'이라고 한다는 것이다.

바로 이 지점이 과학과 신앙이 다름을 설명할 수 있는 근거가 될 수 있다.

과학은 이렇게 각각 다른 사람들이 관찰한 것에서 동일한 결과를 구하는 '사실'을 대상으로 하지만, 신앙은 그렇지 않다. 오직 유일한 경험만이 각자에게 존재하기 때문에 그 '유일성'이 신앙의 특징이기도 하다. 그런데 눈부시게 발전한 현대 과학에서도 자연계의 현상 하나하나를 동일한 조건에서 똑같이 반복한다는 것은 거의 불가능에 가깝다고 하는 것이 정설이다. 예를 들어 산사태나 폭우와 같은 현상은 명확히 과학의 대상인 사실이 되는 자연 현상이지만 동일한 산사태나 폭우는 결코 다시는 발생하지 않는다는 것도 사실이다.

그런데 과학만능주의는 분명 이러한 과학의 한계, 즉 현재 과학으로 풀

수 있는 문제와 풀 수 없는 문제가 정확히 구분되어 있다는 것을 간과하고 있을 수 있으며, 현대 과학의 방법으로 인간의 모든 문제를 해결할 수 있다는 오만 혹은 오류일 수 있음에 그리스도인들은 깨어 있어야 한다.

하나님은 사람마다 고유성을 하나하나 인정해 주신다. 그러나 인간들은 서로 각자 다른 견해를 인정하는 것을 참으로 어려워한다.

성경과 자연, 여기에서 출발한 신앙과 과학에 대한 견해 차이가 대표적이다.

인간과 자연이 언제, 어떻게 시작되었는가에 대한 것은 근원에 대한 인류의 오랜 질문이며, 아직도 치열한 논쟁 중이며, 앞으로도 아주 오래 어쩌면 영원히 인간의 인식 체계로는 도달할 수 없는 답일 수 있다.

그리스도인 신앙의 출발점이기도 한 이 부분에 대해 조금 더 들여다보면, 오늘을 살아가는 그리스도인이 믿음의 토대 위에서 여전히 첨예한 논쟁의 주제인 신앙과 과학에 대해 아우르는 시각을 가질 수 있을 것이다.

적어도 이 정도는 이해하고 누군가에게 알려 줄 수 있는 그리스도인이 되면 좋겠다. 필자 역시 이러한 최소한의 지식을 정리해 가며 창조주이신 하나님에 대한 믿음이 더욱 든든해지듯이 그리스도 안에서 한 지체인 우리도 그러하면 좋겠다.

우선 우리 믿음의 출발점인 말씀, 성경에 대해서 그리고 우리가 살아가는 삶의 무대인 자연에 대해서는 지금까지 이어져 온 그리스도교 전통 위에서 다음과 같은 세 가지 견해가 있다는 것이 일반적이다.

성경과 자연은 인간이 하나님을 알기 위해 마련해 주신 두 가지 책이라는 것, 성경 해석은 필수라는 것, 성경은 과학 교과서가 아니라는 것이다. 이렇게 성경과 자연에 대한 그리스도교다운 세 가지 견해가 있음을 아는 것은 편견에 사로잡히지 않은 올바른 신앙인으로 성장하는 데 중요한 문제이다. 이는 곧 성경의 해석이라고 할 수 있는 신학과 자연의 해석이라 할 수 있는 과학의 문제로 귀결될 수 있기 때문이다.

"성경이라는 책과 자연이라는 책이 모순을 일으키는 것처럼 보였던 역사의 예들은 사실 두 책 사이의 모순이 아니라 두 책을 읽는 방식인 신학(혹은 성경 해석)과 과학 사이의 모순이었습니다. 갈릴레오의 지동설의 경우도 마찬가지입니다……. 과학과 신학은 패러다임의 변화에 따라 끊임없이 변해 왔습니다." (《무신론 기자, 크리스천 과학자에게 따지다》, 우종학, IVP, 2009)
이는 성경과 자연이라는, 그리스도인에게 가장 중요한 출발점에서 어떻게 발을 내디뎌야 할지를 잘 보여준다.

다음으로 그리스도인이라면 알고 있어야 할 오랜 논쟁의 주제가 하나 더 있다. 바로 '신앙과 과학'에 대한 것이다. 여기에도 크게 세 가지 의견이 존재한다. 갈등론, 독립론(상호 독립론 혹은 분리론), 상보론 (혹은 통합론).

첫째, 갈등론은 과학과 신앙은 배타적이어서 함께 양립할 수 없고, 둘 중의 하나를 선택할 수밖에 없다는 견해이다.

한쪽은 신앙을 인정하지 않는 무신론 과학자들로서 과학적인 방법으로 밝혀낸 결과가 인간의 진화와 우주의 탄생을 잘 설명할 수 있기 때문에 기적(인간의 눈으로 볼 때)적인 신의 창조는 틀렸다, 필요 없다고 주장한다.

그 대척점에는 창조론자 혹은 창조과학자라 자칭하는 이들이 있다. 이들은 "인간과 우주는 기적을 행하는 신이 창조한 것이기 때문에 진화론, 빅뱅과 같은 우주 기원론은 틀렸다, 그러므로 문자 그대로의 성경을 기초로 과학 이론을 세워야 한다."라고 주장한다.

둘째, 독립론(상호 독립론)에서는 신앙은 초자연적인 세계, 과학은 자연 세계라는 각각의 영역을 다루기 때문에 두 영역은 각각 서로 독립적이라고 얘기한다. 즉 과학이 어떤 것을 새롭게 발견하더라도 신앙을 가진 사람들은 계속 예수를 믿게 될 것이라는 견해이다. 독립론을 바라볼 때 주의할 점은 독립론이 신앙과 과학이 관계가 없다고 주장하는 것이 아니라는 부분이다.

셋째, 상보론(통합론)은 신앙과 과학은 연결되어야 한다는 주장이다. 독립론과 다소 다른 부분이 있는데, 독립론자들은 신앙과 과학은 각각의 영역으로 독립적으로 존재하면 된다고 하는 데 반해 상보론자들은 신앙과 과학이 서로 밀접한 관련을 갖고 있어서 각각을 떼어내서 보기보다는 전체 세계를 이해하기 위한 상호 보완적인 관계라고 말한다.

"하지만 신앙과 과학은 서로 다른 차원에서 서로에게 영향을 줍니다. 신앙은 과학자의 동기나 연구 태도 그리고 윤리에 영향을 줍니다. 반대로 과학이 신앙에 영향을 줄 수도 있습니다. 자연 세계를 연구한 결과들이 성경을 바르게 해석하는 데 사용될 수도 있는 것이지요."(《무신론 기자, 크리스천 과학자에게 따지다》, 우종학, IVP, 2009)

이처럼 탁월한 과학자이자 그리스도교인의 이야기에 귀 기울일 수 있는 열린 자세가 사람들 가운데 앉으셔서 듣고 물으셨던 예수님의 마음이 아닐까.

코로나바이러스의 전 세계적인 팬데믹 시대를 거치며 과학이라는 권위에 기대어 한 시대를 관통하는 가치관 혹은 어떤 정치적인 이념, 경제적인 이득 등 특정 목적을 달성하려는 수단이 된 유사과학을 넘어 이제는 거짓 과학, 사이비 과학까지 판을 치는 세상이 된 사실을 그저 누군가의 이야기로 치부해 버릴 수는 없다.

전염병이나 감염병이 범지구적으로 유행하는 현상만큼이나 위험할 수 있는 문제가 하나 더 있다. 디지털 세상을 빠른 속도로 오염시키며, 코로나바이러스와는 또 다른 부작용과 위험으로 사람들을 밀어 넣는 인포데믹의 문제까지 이르게 된 데는 18세기 계몽주의 시대 이후 본격적으로 논의되기 시작한 유물론적 과학주의인 과학만능주의에서 뿌리를 찾아볼 수 있을 것이다.

《유사과학 탐구영역》(계란계란 지음, 뿌리와 이파리, 2018)이라는 책에서는 누구나 쉽게 이해할 수 있는 만화라는 형식을 빌려 사이비에 가까운 유사과학의 사례를 흥미롭게 나열해 보여준다.

건강을 위해서라면 비록 비싸지만, 합성 비타민이 아닌 천연비타민을 먹어야만 한다, 화학적 합성품인 카제인 나트륨(Sodium Caseinate) 대신 천연 무지방 우유를 넣은 커피 믹스가 건강에 더 유리하다, 전자파가 몸에 끼치는 해를 걱정해 컴퓨터, TV 같은 전자 제품에 전자파 차단 스티커를 붙이거나, 심지어는 전자파를 차단한다고 손바닥 반도 안 되는 선인장을 두기도 하는 일 등등.

과학이라는 가면을 쓰고 난무하는 거짓들을 분별하는 눈을 가져야 하지 않겠는가.

가짜과학의 가장 큰 해악은 불신이다. 사람들이 서로가 말하는 것을 의심하고, 오늘날 국가 단위로 묶여 살아가는 이들을 아우르고 나아가야 하는 정부의 각 사안에 대한 시기에 맞는 조치를 믿지 못하게 하여 막무가내로 거부하고, 방해하기까지 하게 하는 시작점이 어이없게도 오늘날 SNS라 부르는 혼란스러운 장을 통해 시시각각 유포되는 무수한 가짜뉴스 속 가짜과학인 경우가 허다하다.

들어본 적이 있을 수도 있는 최고의 과학 학술지들이 있다.

〈사이언스〉, 〈네이처〉, 〈셀〉, 〈미국 국립과학원회보〉, 〈뉴잉글랜드 의학저널〉, 〈랜싯〉 등으로 새로운 과학적 발견을 동료 심사라는 검증 과정까지 거치기에 이들 학술자료에 나온 자료라면 대개는 합법적이고 신뢰할 수 있다.

문제는 이 학술지들의 내용은 매우 전문적이며, 여기에 게재된 논문들을 보기 위해서는 적잖은 비용을 지불해야 하는 유료 회원이 되어야 하고, 언어라는 장벽 때문에라도 사실 우리 같은 일반인이 접근하기는 사실상 매우 어렵다. 이런 점을 악용하여 좋은 과학과 나쁜 과학을 구별하기 힘든 대부분 사람을 대상으로 각종 SNS에는 '과학의 검증'을 내세운 가짜뉴스들이 얼마나 많을지 헤아릴 수조차 없다.

테워드로스 WHO(세계보건기구) 사무총장의 호소가 예사롭게 들리지 않는다.

"우리는 단지 감염병과 싸우는 것이 아니라, 인포데믹과도 맞서 싸우고 있다. 가짜뉴스는 바이러스보다 더 빠르고 쉽게 전 세계로 퍼져 나가기 때문에 그만큼 위험하다. 지금은 두려움이 아니라 사실이 필요한 시기이다. 지금은 소문이 아니라 합리성이 필요한 시기이다. 지금은 낙인찍기가 아니라 결속이 필요한 시기이다."(《10대가 가짜과학에 빠지지 않는 20가지 방법》, 마크 짐머, 이경아 옮김, 오유아이, 2022)

수많은 기사를 양산하는 뉴스 사이트들이나 '뉴스에 나온 기사'라고 하면 얼핏 왠지 믿을 만한 사실처럼 들릴 때가 많다. 그런데 SNS상에서 접하게 되는 대부분의 뉴스 사이트 및 주요 언론 채널은 특정 소수의 회사 소유라는 것에 주목할 필요가 있다. 이러한 소유권, 더 나아가 자금의 출처를 추적해 보면 뉴스 기사에 드러나는 편향성 또는 어쩌면 의도적인 조작을 구별하는 데 도움이 될 것이다.

유명세를 떨치는 스타들을 기용한 광고 매체의 영향력도 무시할 수 없다. 단지 내가 좋아하는 스타가 등장한 광고의 제품이라는 사실만으로 그 제품의 실체를 꼼꼼히 파악하기보다는 단순히 이미지로 선뜻 구매까지 이어질 수 있기 때문에 천문학적인 모델료를 지불하고 스타들을 광고에 등장시킨다.

그런데 조금만 알아보면 여기에도 다양한 이해관계, 자본의 문제가 얽혀 있다는 것을 알 수 있다. 이제는 우리나라를 넘어서 전 세계적인 인기 가운데 있는 스타들.

간혹, 그동안의 그 스타의 이미지나 유명세와는 동떨어진 제품의 광고 모델이 되는 경우도 종종 있어서 눈여겨본 적이 있다.

주식 소유 관계를 인터넷 검색으로 알아보니 그 모델의 소속사 대표와 해당 광고 제품 회사와의 지분 관계가 있음을 어렵지 않게 알 수 있었다. 다소 엉뚱하게도 왜 그 광고에 등장했는지 알게 되는 경우도 적지 않다.

예전에는 "아, 저 정도의 스타가 자기 이미지도 있는데 괜히 저 제품 광고에 출연하겠어?"라는 순진한 생각을 한 적도 있었지만, 이제는 좀 더 합리적인 시각으로 광고든, 뉴스든, 기사든 봐야 하는 세상이다. 부지런해져야 거짓에 속지 않는 세상이다.

"여호와를 두려워하는 것이 지식의 첫걸음이건만 미련한 자들은 지혜와 교훈을 멸시하고 있다." (잠언 1:7)

내가 세상을 향해 딛는 첫걸음을 어디서 시작하고 있는지 돌아보자.

그리스도인은 하나님이 창조주이심을 믿는 믿음이 그 출발점이며, 그 믿음은 성경 말씀에서 시작된다.

나 자신부터 한순간에 변할 수 있는 나에게서 비롯된 생각, 판단, 견해가 아닌지 냉정한 점검이 필요한 때이다. 말로만 '마지막 때, 마지막 때'하고 있지는 않은가?

마지막이라는 것은 절박하다. 말씀에 비추어 생각하고, 검증하고, 행동하는 그리스도인이 되자.

03

기후위기라는 문제

얼마 전, '세상에 이런 일이!'라는 한탄을 자아내는 사건에 관한 기사가 올라오더니 오늘 아침, 장소만 다를 뿐 같은 사건이 또다시 기사로 등장했다. 인류 공통의 유산이자 예술작품인 미술 명화들이 곳곳에서 수난을 당한다는 기사이다.

영국의 환경단체 '저스트 스톱 오일' 소속 두 명은 화석연료 사용을 중단하라고 주장하며 영국 런던 내셔널갤러리에서 빈센트 반 고흐의 그림 '해바라기'에 토마토 수프를 끼얹었다. 이 단체는 지난 7월에도 같은 미술관에 전시된 레오나르도 다 빈치 '최후의 만찬' 복제본과 존 커스터블의 '건초마차' 그림 테두리에 접착제를 바르고 손바닥을 붙이는 시위를 이미 벌인

적이 있다.

얼마 전 영국 환경단체 '멸종 저항'은 호주 멜버른 빅토리아 국립 미술관
에 전시되어 있는 파블로 피카소의 '한국에서의 학살'이라는 작품에 마찬가
지로 순간접착제를 바른 손을 붙이기도 했다.

독일 바르베리니 박물관에 전시된 클로드 모네의 작품 '건초더미'가 독일
기후단체 라스트 제너레이션에 의해 으깬 감자를 뒤집어쓴 지 나흘 만에는
17세기의 화가 요하네스 페르메이르가 그린 걸작 '진주 귀고리를 한 소녀'
도 네덜란드에서 수난을 당했다.

환경단체 소속 남성이 그림에 머리를 댄 순간, 남성의 머리에 토마토 수
프를 들이부은 사건이다.

클로드 모네의 그림에 으깬 감자를 뿌린 후, 이 사건에 대해 환경단체가
남긴 글에는 "이 그림은 우리가 음식을 두고 싸워야 하는 세상에서는 아무
의미가 없습니다. 화석연료를 사용하는 과정이 우리 모두를 죽이고 있다는
것을 기억하는데, 그림이 필요하다면 우리는 그림 위에 으깬 감자를 줄 것"
이라는 내용이 담겨 있었다.

한 마디로 과격한 충격요법으로 사람들의 주의를 환기하자는 것이다.

이들은 이어지는 다음 달 '유엔 기후변화 회의'를 앞두고 이런 문화재 테

러 시위를 벌였던 것으로 보인다.

예술작품을 이용한 충격요법뿐 만이 아니다.

일부 환경단체들의 논란이 되는 과격한 시위가 잇따르고 있는 영국에서는 최근 동물단체인 '애니멀 레벨리온'이 대형마트들을 찾아가 계산도 하지 않은 우유를 바닥에 쏟아붓는 기행을 벌였다. 미래에는 동물이 아닌 식물 기반의 농업을 해야 한다는 취지를 전달하기 위해서라고 했다.

더 위험천만한 시위도 있었다. '파이브 버스터'라는 환경단체는 2022년 6월 항공기에 의한 항공 오염을 비판하며 런던 히드로 공항에서 연료를 공급하는 수송관 건설현장을 훼손시킨 일이다.

이렇듯 과격한 시위를 이어가는 이들은 아무리 애를 써도 기후 문제에 대해 미온적인 정부를 향한 주장을 더 강력하게 하기 위해서 어쩔 수 없이 선택한 마지막 수단들이었다는 주장을 한다.

공공의 안전에 심각한 혼란이나 위협을 초래하는 시위 혹은 테러가 난무하는 것이 오늘날 기후 문제라는 현장의 단면이다.

이에 대해 해당 국가 정치인들이나 언론, 시민들은 대부분 기후위기 문제에 대응하려는 시위의 목적은 지지할 수 있지만 그들의 방식은 틀렸다고 지적하기도 하고, 수백만 명의 트위터 팔로워를 가진 누군가는 "좋든 싫든 과격한 시위 없이는 누구도 그들의 말을 듣지 않을 것"이라고 주장하기도 한다.

세계적인 환경보호 단체로서 녹아내리는 빙하 위에서 오갈 곳 없는 북극곰의 이미지로 대중에게 친숙해진 그린피스(Greenpeace)의 공동설립자였었으나, 그린피스를 떠나 세계적인 환경운동가이자 학자로 활동하는 패트린 무어는 그의 저서 《종말론적 환경주의》를 통해 소위 '환경 탈레반'(탈레반 : 이슬람 원리주의 무장 세력)이 되어 버린 권력에 맞서 '보이지 않는 가짜 재앙과 위협'에 대해 경고하며, 좌경화된 정치 이념을 떠나 진짜 과학으로 환경을 알아야 한다고 주장하고 있다.

이 책의 추천 글을 쓴 사람 중 한 명인 도널드 트럼프 전 미국 대통령은 추천사를 통해 이렇게 이야기하고 있다.

"그린피스 공동설립자 패트릭 무어에 따르면 모든 기후위기는 가짜뉴스이자 가짜과학이다. 세계 곳곳에는 기후와 날씨가 있는 것이지, 기후위기란 없다. 사실 이산화탄소는 모든 생명체의 핵심 구성요소이다."

재미있는 것은, 이와 같이 기후변화 부정론을 주장하는 진영은 보수성향을 지닌 정당과 그 지지자들에 편중되어 있다는 사실이다.

과연 기후 문제가 위기이냐 아니냐는 논쟁의 실체에 조금 더 가까이 다가

가 보기 위해 담배산업에 얽힌 이야기로 눈을 돌려 본다.

담배의 해악이 과학적으로 연구돼 발표된 것은 생각보다 꽤 오랜 역사를 갖는다. 18세기 중반이던 1761년 영국의 의사이자 식물학자인 존 힐은 '지나친 코담배 흡연에 대한 경고'라는 논문을 발표했다. (《10대가 가짜과학에 빠지지 않는 20가지 방법》, 마크 짐머 지음, 이경아 옮김, 오유아이, 2022)

이 논문 결과는 코담배가 구순암, 구강암, 인후암과 관련이 있다고 주장하고 있다.

그런데 2세기가 넘게 지난 오늘날에도 여전히 흡연은 광범위하게 이루어지고 있다.

이제는 많이 알려진 사실이지만, 담배와 폐암과의 관계 등 담배의 위험함에 관한 과학적인 연구와 결과들을 상대로 담배회사들은 거대한 자본력으로 오랫동안 광고, 홍보, 로비 등 조직적인 은폐 활동을 펼쳐왔다.

다시 기후 문제의 장으로 돌아와 보자.

약 30년 전인 1988년 '한센 선언'이라는 것이 있었다. 당시 미항공우주국(NASA)의 고다드우주연구소의 소장이었던 제임스 한센이 미국 상원의 에너지 및 천연자원위원회에서 연구결과를 토대로 증언을 한 것이다. 온실효과와 그때까지 관측된 기후 온난화 사이는 꽤 확실한 인과관계가 존재한다는 것을 선언한 것이다. 온실효과는 이미 명백히 감지할 수 있고, 이로 인해 기후변화에 영향을 주고 있다는 내용이었다.

그 이후 실제로 세계 곳곳에서는 인류가 관측한 지구 역사상 유례를 찾아보기 힘들다는 정도와 빈도수로 온실효과로 인한 기후변화, 이로 인한 기후재앙을 넘어 다양한 인류 삶에 위기를 갖고 오는 문제들이 지구 곳곳에서 일어나고 있다. 더욱 빈번해지고, 더욱 규모가 커지는 산불과 허리케인, 이상 기온으로 인한 자연현상 등이다.

지구는 이산화탄소나 메탄, 아산화질소 같은 기체에 의해 지구 온도를 일정하게 유지하는 온실효과를 만들어 낸다고 한다. 유리로 만든 온실 내부에서 발생한 열기가 보존되듯이 대기 중의 이러한 가스가 지구의 열기를 자연스럽게 가둔다는 이 주장은 1824년 프랑스의 수학자이자 물리학자인 조제프 푸리에에 의해 '온실효과'라 불리는 이론으로 발표되었고, 당시에는 매우 급진적인 이론으로 받아들여졌다.

그 이론을 바탕으로 많은 연구가 이루어진 결과 지구의 대기 중에 태양으로부터 오는 적외선을 가둘 가스가 없으면 지구 평균 기온은 영하 18도가 되어 모든 물은 꽝꽝 얼어붙고 생명체가 살아갈 수 없다는 것이 밝혀졌다. 그리고 온실효과에 의해 지구 기온이 평균 15도로 덥혀져서 다양한 생명체가 살아갈 수 있다는 것도 알려졌다.

그 이후 지속된 관측과 과학적인 연구결과 지구는 점점 더워지고 있다는 것이 사실로 알려져 있다. 북극의 빙하는 10년마다 9%씩 감소하고 있고, 다음 세기 이후에는 1.4~5.6도만큼 기온이 상승할 것으로 예측된다. 어찌 보면 전 지구적으로는 미미해 보일 수 있는 이 기온의 변화는 지구 곳곳에 국지적으로 이미 많은 기상이변을 일으켜 실제로 인간의 삶을 흔들고 있는 것도 사실이다.

이렇게 지구 자연계 전체의 문제로 보니 기후 문제의 심각성이 피부에 잘 와 닿지 않을 수 있는데, 당장 우리나라의 기후 온난화에 따른 '온열 질환' 발생 추이만 살펴보면 온실효과로 인한 기후 문제가 추상적이거나 먼 나라 문제가 아님을 실감할 수 있다.

질병관리청의 통계 중 '온열 질환 응급실 감시체계 성별, 연령별, 온열질환자 수'라는 자료를 살펴보았더니 2011년도부터 2021년도까지의 온열질환자 수 추이가 정리되어 있다.

놀랍게도 2011년도 연간 443명이던 응급실을 찾은 온열 환자 수가 불과 10년이 지난 2021년도에는 1,547명으로 증가해 있었다. 중간중간 무더위가 기승을 부리던 해일수록 온열질환자도 증가하여 기록적인 무더위를 겪었던 2018년도에는 무려 4천 5백여 명의 관련 질환자가 발생했다. 기술 문명이 발달하고 생활 수준이 높아지면 에어컨 등 냉방시설 보급률도 늘어날

터임에도 불구하고 이런 추이를 보이는 현상을 통해 일상이 되어가는 기후 온난화의 문제를 고민해 볼 수 있다.

이러한 지구 기온 변화와 문제를 해결하는 것을 뒷받침하는 과학 분야가 있는데, '귀인 과학(Attribution Science)'이라는 분야로 온실가스 배출 증가와 같은 인간의 활동이 기상이변을 일으킨다는 점을 과학적인 방법으로 밝혀내는 학문이다.

화석연료를 생산하고 유통하는 기업들은 매우 거대한 조직이다.

이들 기업의 모습이 과거로부터 그랬고 현재도 진행형인 위험을 은폐하고 조작해온 담배회사의 사례와 겹쳐 보이는 것은 유난스러운 비약일까.

이미 또 하나의 기득권이 되어 세상 전체의 안전한 현실과 미래보다는 특정 집단의 이익을 대변하는 단체로 변질되었다고 공격받는 거대 환경단체도 있고, 이런 진영에 대항하여 오늘도 세계 곳곳의 예술작품에 으깬 감자를 투척하는 이들도 있다.

평균 지표가 해발 1미터 이하인 36개의 섬으로 이루어진 국가, 몰디브의 국토가 점점 바닷물에 잠기고 있다는 것도 현실이다.

우리의 평범한 이웃 누군가는 조금 불편해도 장바구니를 항상 가방 한쪽에 챙겨 다니기도 하고, 공원에서 조깅을 하거나 등산로를 걸으며 누군가

버리고 간 쓰레기를 대신 줍는 이도 있다.

누군가 주장하는 것이 가짜과학인지 아닌지를 한 번쯤은 들여다보는 것, 기후 문제에 대응하는 다양한 방식들에 대해 고민하는 것과 내 삶이 당장 무슨 관계가 있다고 그런 문제까지 일일이 신경 쓰고 살아야 하냐고 되묻는 그리스도인이 있다면 얘기하고 싶다.

하나님이 허락하신 삶을 사명대로 살면서 나 자신과 사랑하는 사람들이 가능한 한 안전하고 생산적인 삶을 살아가는 일에 관심이 없는 것은 아닌가 하고 말이다.

그러면서 말로만 '나는 하나님이 특별히 사랑하셔서 선택받은 존재이고, 세상을 다스릴 수 있는 능력 있는 존재야.'라고 말할 수 있는가?

다시 한번 말하지만, 우리는 영이신 하나님과 달리 육신을 지닌 존재이기에 육신을 통해 보고 듣고 느끼며 이 세상이라는 물리적인 공간에서 살아가야 한다. 물리적인 공간에 관해 관심이 없다는 것은 하나님이 창조하신 것들에 대한 무관심과 다르지 않다고 생각한다.

내 경험, 내 지식, 내가 접하는 정보들만으로 과연 얼마나 완벽한 판단을 할 수 있겠는가.

다시 말씀 앞으로 돌아 가본다.

"여호와는 내 기쁨의 원천이시니 그가 나의 이 모든 생각을 기쁘게 여기시기를 원하노라. 그러나 죄인은 땅에서 소멸되고 다시는 악인이 없기를 바라노라. 내 영혼아, 여호와를 찬양하고 여호와를 찬양하라." (시편 104:34)

이 시편의 시를 노래한 이는 꿈 꾸었을 것이다. 그의 모든 생각이 창조주에 의해 기쁘게 여겨지기를. 그가 받아들여지기를 바랐던 그의 생각은 하나님에게 기쁨이 되는 것이어야 했는데, 아마도 저 시편 구절에 나온 죄인들은 그런 생각과 반대로 생각하는 자들이었을 것이다.

하나님이 오늘 우리가 사는 사회와 자연을 대하는 사람들의 생각을 보시고 어떤 생각을 기뻐하시고, 어떤 생각은 기뻐하지 않으실지를 생각해 본다.

그런 사람이 많지는 않겠지만 담배 연기를 아무 데나 내 뿜어 길 가던 누군가가 그 연기 때문에 콜록대는 걸 눈에 보고도, 행여나 개인적인 내 취향을 제한받는 것이 부당하다는 생각을 한다거나 한겨울에 반 팔을 입어도 될 정도로 난방을 하면서 TV에 나온 가라앉아 가는 국토에서 불안에 떨며 사는 몰디브 사람들의 현실을 보면서도 당장 나와 무슨 상관이 있냐고 하는 생각을 하나님은 어떻게 생각하실까. 때로는 조금은 무거운 마음으로 인간과 인간이 살아가는 터전에 대해 생각해보는 시간을 갖는 것도 날로 지혜가 깊어 가며 성장하는 그리스도인의 삶은 아닐까 한다.

04

팬데믹의 시대, 코로나, 질병, 백신

'치느님.' 우리나라 사람들의 유난한 닭고기 사랑을 설명하는 데 이만큼 간단하고 확실한 표현도 없을 것이다.

그런데 닭고기를 위해 사육되는 닭들 대부분은 평생 항생제를 먹고 산다.

질병을 막고, 성장을 촉진하기 위해서라고 한다.

한 통계에 따르면 미국에서 사용되는 항생제의 무려 약 80%가 가축에게 사용된다고 한다.

닭고기뿐만이 아니다. 우리나라 사람들이 가장 즐겨 먹는 삼겹살도 마찬가지로 항생제의 영향권 안에 존재한다. 이렇게 가축에게 사용하는 항생제는 인간에게 투여하는 것과 거의 비슷하거나 아예 똑같은 것이라고 한다.

사람은 먹는 것에 의해 몸 대부분이 만들어지고, 건강이 결정된다.

인간에 대한 항생제의 상황을 살펴본다.

항생제는 세균을 완전히 파괴하거나 세균의 번식 속도를 늦추어서 감염된 사람들을 치료하는 약이기 때문에 세균이 아닌 바이러스로 인해 생긴 감염증을 낫게 하지는 않음에도 불구하고, 감기, 독감 같은 바이러스성 질환에도 환자들은 항생제를 만병통치약처럼 요구하고, 의사도 처방을 해 준다.

미국 질병통제예방센터의 추정 자료에 따르면 사람들에게 처방된 항생제의 3분의 1가량은 불필요한 처방이고, 그렇게 처방받은 항생제를 사람들은 어느 정도 증상이 가라앉으면 스스로 약 먹는 것을 중단하고 방치하거나 함부로 버린다.

이런 상황들의 연쇄 작용으로 가축들과 사람들도 항생제 내성이 생겨, 정작 위급한 상황에서 항생제의 약효가 제대로 발휘되지 못해 위험에 빠지는 경우도 점점 더 늘고 있다.

그런데도 일단 사람들은 열이 나고 어딘가 아픈 질병에 걸리면 우선 항생제를 찾는 것이 당연한 상식처럼 되어 있다. 항생제 오남용을 막는 것은 거창한 것이 아니라 적어도 세균과 바이러스가 다르다는 것을 아는 것으로부터도 시작될 수 있다.

칼에 베이거나 못에 찔려 파상풍 세균에 감염되면 항생제를 투여해야 한다. 그러나 원칙상 독감이나 코로나에 걸리면 이것은 바이러스에 의한 것이기 때문에 반드시 항생제를 먹거나 맞아야 하는 것이 아니라는 것쯤은, 우선 그리스도인들부터라도 인지하고 있어야 한다는 생각이다.

2020년 전 세계를 강타한 코로나바이러스로 인해 이전에는 일부 관련 전문가들이나 알 법한 팬데믹이라는 용어가 일상이 된 시간을 살고 있다.

항생제의 문제뿐이겠는가. 이루 헤아릴 수 없는 이유로 인류는 스스로를 생존의 위협으로 몰아넣어 온 것이 어찌 보면 인류 역사의 모습이기도 하다.

이번 코로나 팬데믹을 전 세계가 꼬박 3년 넘게 겪어냈다. 이제는 잦아들어 우리나라를 비롯한 세계 각국의 일상이 3년 전과 비슷한 모습으로 돌아가고 있는 듯하지만, 이제 대부분 사람은 안다. 언제라도 다시 이와 같은 혹은 더욱 심각할 수 있는 팬데믹 상황이 올 수도 있다는 것을 말이다.

결론부터 말하자면, 그럴 확률이 대단히 높다.

인간은 100만 년이 넘도록 미생물과 치열한 전쟁을 벌여왔으며 현재진행형이다.

수많은 사람이 목숨을 잃거나 평생의 천형이라 체념하고 감염된 상처 자국 가득한 얼굴로 살아야 했던 천연두는 우두법(종두법)에 의해 해결되었다. 페니실린이 발명되고 백신이 개발되어 죽을 수밖에 없던 수많은 사람을 살려내게도 되었다.

코로나 팬데믹을 겪으면서도 백신을 개발하여 접종하는 오늘에 이르기까지 미생물 병원체를 이기기 위해 고군분투해 온 인류. 그러나 힘들게 백신을 개발해도 어느새 새로운 병원체가 등장하고 돌연변이가 생기는 것을 이 3, 4년간 생생히 경험하며 살고 있다. 과학자들은 얘기한다. 아마도 인류를 질병과 죽음에 빠뜨리는 병원체들과의 전쟁은 그치지 않고 계속될 것이라고.

당시 약 4억 5천만 명이던 전 세계 인구의 17%(약 7,650만 명) 이상의 목숨을 앗아간 14세기의 페스트(흑사병)는 당시 최대의 무역 루트였던 실크로드를 통해 인근 지역으로 퍼졌다. 1918년에서 1919년 사이 유행하여 전 세계 인구의 3분의 1이 감염되고, 그중 5천만 명에서 1억 명을 죽음에 이르게 한 스페인 독감은 당시 거의 끝나가던 1차 세계대전 중 수많은 군인이 빽빽한 기차와 배를 타고 이동하면서 세계로 바이러스가 퍼져나갔다.

수십 년 이상 과학자들은 한 대륙에서 그친 게 아니라 전 세계적으로 퍼져 나간 스페인 독감의 시작을 밝히려 노력했는데, 2014년의 〈내셔널 지오그래픽〉의 한 기사에 의해 그 실마리를 알 수 있는 의료기록이 소개되었다.

한참 1차 세계대전 중이던 영국이 중국에서 약 10만 명 가까이 되는 노동자들을 캐나다를 거쳐 유럽으로 데려와 부대를 꾸려 전쟁에 투입하는 과정을 통해 독감이 유입되고 유행하게 되었다는 것이다.

오늘날은 매일 전 세계적으로 무려 800만 명 이상의 사람들이 비행기를 타고 이동하는데, 앞으로 20년 안에 비행기를 통해 이동하는 사람들의 숫자는 이보다 두 배에 이를 것이라 예측된다. 밀집도는 높고, 환기는 잘되지 않는 환경인 비행기를 이용하는 이 많은 사람을 통해 세균과 바이러스가 지역을 가리지 않고 세계 어느 곳으로든 빠르고 쉽게 퍼질 수 있는 최적의 조건 속에서 살고 있는 셈이다.

2020년 1월 말, 중국 우한에서 시작된 코로나 사태의 영향이 바로 내 삶에도 마치기 시작했다. 수년째 운영하고 있던 운동센터가 직격탄을 맞기 시작한 것이다.

호흡을 많이 하며 움직일 수밖에 없는 운동센터들의 어려움은 그렇게 시작되었다.

코로나 초기부터 상당 기간까지 어딘가에서 코로나 확진자가 발생하면 확진자 자신뿐만 아니라, 그 사람이 거쳐 간 동선 내의 상점들도 낙인이 찍혀 무슨 범죄 장소를 제공한 것 같은 사회적인 분위기가 이어졌다. 그러다 보니 수시로 바뀌는 영업정지(일상적인 영업 환경에서 영업정지는 정말 큰 잘못을 저질렀을 때나 받게 되는 행정처분이다) 권고 명령으로 인해 매장문을 언제 또 닫아야 할지, 다시 열어야 할지를 예측하기 힘들다 보니 불안감과 불편함으로 인해 극소수 회원들 외에는 재등록을 하지 않거나, 심지어 그 어려운 상황에서 미리 등록한 몇 달 치 회비를 당장 환불해 가기도 했다. 신규 회원 등록은 아예 꿈도 꾸지 못하는 상황들이 이어졌다.

극소수 남은 회원들과 안부를 주고받으며 매장을 오픈했다, 닫았다 하기의 연속이었다.

강제 명령이 아니라 권고 명령이었지만, 행여라도 우리 매장에서 코로나 확진자가 발생하게 되면, 그 후를 장담할 수 없는 치명적인 결과에 이를 수도 있기 때문에 '울며 겨자 먹기가 이런 거구나.'를 하루하루 실감하며 자발적으로 매장문을 수시로 닫을 수밖에 없었다.

기본적으로 월 단위 회원제로 운영되는 운동센터의 영업 구조상 적더라도 매일매일 매출이 발생하는 것이 아니기 때문에 어려움은 배가 될 수밖에 없는 구조였다.

꽤 강도가 높은 운동을 하며 마스크를 쓰는 것이 정말 쉽지 않은 일이었지만, 남아있는 소수의 회원은 마스크 착용, 손 소독, 방역일지 작성 등에 잘 협조를 해 주셔서 더욱 감사했다.

그런 상황 속에서 백신 예방 접종이 시작되었지만, 사회적 거리 두기 상황은 좀체 나아질 기미가 보이지 않고 좀 잦아들 만하면 새로운 변이가 등장해 대유행의 정점을 찍기를 반복하다 보니, 하루라도 코로나 상황에 대한 정보에 눈과 귀를 뗄 수가 없었다.

짧아야 5년에서 10년이 걸린다는 것이 백신 개발인데, 전 세계가 그야말로 갑작스럽게 당한 코로나바이러스의 폭풍 속에서 그 전의 관련 연구와 결과를 바탕으로 급하게 백신이 만들어 지다 보니, 그 불안감으로 인해 백신 예방 접종에 대한 찬반양론으로 사회가 분열되기도 했다.

백신 예방 접종을 할 수 없는 아주 어린 영아, 기저 질환자, 고령자들은 이런 상황에서 개인의 면역과 집단면역에 기댈 수밖에 없는데, 집단면역은 통상 그 사회 구성원의 90% 이상이 백신 예방 접종을 할 때 기대할 수 있다고 한다.

불안감에도 불구하고 백신 예방 접종을 했고, 접종 이후에도 들려오는 백신 관련 부작용이 마음을 무겁게 했다.
그 와중에 피부로 체감한 것은 사람들의 백신 예방 접종에 대한 불안감이 커질수록, 특히 유튜브를 기반으로 한 유사의학, 가짜의학 정보들이 눈덩이처럼 불어나고 있다는 것이었다.

그중에는 심지어 확실한 과학적인 근거도 없이 호흡 문제 때문에 마스크 착용이 위험하다고 주장하는 이들도 있었다. 그동안 인류의 코로나 팬데믹 경험의 결과 철저한 마스크 착용으로 코로나 상황의 심각함에 명운이 갈린 국가들의 결과는 이미 밝혀진 사실이다.

우리나라도 코로나 초기 우한발 중국 입국을 막았더라면, 세계 어느 나라보다 철저한 마스크 착용의 효과가 훨씬 더 있었을 것이란 평이다.

누가 봐도 오직 구독자를 끌어모으고, '좋아요.' 버튼을 누르게 하고, 댓글 수를 늘리기 위한 뻔한 의도가 보이는 내용이 활개를 치는 와중에, 아직 요원한 치료제에 대한 불안감은 말라리아 치료제로 쓰이는 특정 약제를 코로나 치료제라고 확신하며 홍보하는 의사 유튜버도 등장했다.

아직까지도 인류에게 가장 치명적이라는 감염병이 있는데 바로 말라리아와 뎅기열이다. 특히 말라리아는 뎅기열보다 더욱 까다로운 질병으로 알려져 있는데, 대부분의 감염병은 한 번 걸리면 면역이 생기는 데 반해, 말라리아는 부분 면역밖에는 생기지 않아 한 사람이 몇 번이라도 반복하여 걸릴 수 있는 치명적인 감염병이어서 더욱 심각하다.

그리고 대표적인 말라리아 치료제의 일부 성분은 특수한 질환이 있는 사람들에게는 현재까지 거의 유일한 치료제이기 때문에 없어서는 안 되는 약물이라고 한다.

그런데 전 세계적으로 코로나 예방 접종을 최우선으로 하고 있는 중이고, 백신보다 훨씬 오랜 시간이 걸린다는 안전한 치료제 개발도 먼 상황에서 일부 의사의 개인적인 판단으로 말라리아 치료제를 코로나 예방약 및 치료제로 알리고 이것이 퍼져 나가면서 품귀현상으로 인해 정작 이 약이 꼭 필요한 이들이 고통을 받고 있다는 안타까운 소식도 들렸었다.

백신 반대주의가 본격적으로 등장하게 된 사건이 있다.

1998년 2월, 영국 왕립 자유병원의 소화기내과 의사이던 앤드루 웨이크필드. 조사결과 밝혀진 바로는 관련 이익단체의 전폭적인 금전적 후원을 받은 한 연구 논문이 그 시작이었는데, MMR(홍역-유행성 이하선염-풍진 혼합 백신)과 어린이 자폐증이 서로 연관성이 있다는 내용으로, 논문이 발표되자 영국을 넘어 미국까지 이 민감한 사안에 대한 대중들의 관심이 퍼져 나가 미국의 가장 유명한 텔레비전 프로그램에도 이 이슈를 등에 업은 사람들이 출연하며 인기를 얻게 되었다.

웨이크필드는 의사 면허를 박탈당했고, 권위 있는 의료학술지 〈랜싯〉은 논문 내용이 완전히 거짓이었으므로 논문 게재를 철회했다.

그러나 영국을 넘어 이미 미국과 전 세계적으로 MMR 백신에 대한 신뢰, 과학과 과학자에 대한 신뢰는 이미 돌이킬 수 없을 만큼 훼손된 뒤였다.

이렇게 의사, 과학, 과학자 등에 대한 막연한 불신에서 비롯된 백신 거부 풍조의 한 결과를 살펴보자. 미국 질병통제예방센터에 의하면 그 이후 미국에서는 백신 예방 접종을 하지 않은 두 살 미만 영유아의 백일해, 홍역 감염이 각각 23배, 35배까지 상승했다.

'더닝-크루거 효과'라는 것이 있다. 미국의 사회심리학자인 데이비드 더닝과 저스틴 크루거에 의해 이루어진 실험의 결과인데, 백신의 효능과 위험성을 스스로 찾아보려고 하는 사람들이 한 번쯤 주목해 봐야 할 사실을 대변해 준다.

더닝-크루거 효과는 특정 영역에서 특수한 고급 훈련을 받지 않은 사람들은 지적능력이나 교육 수준과 상관없이 자신이 그 분야에 대해 실제로는 얼마나 이해하고 있는지 정확히 알지 못하는 현상을 말한다. (《백신, 10대는 무엇을 알아야 할까》, 태라 하멜 글, 김아림 옮김, 오유아이, 2018)

다시 말하여 아무리 교육수준이 높고, 자기 분야에 대해서는 아는 것이 많더라도 백신에 대해 스스로 알아보려고 하지 않는 사람들은 백신에 대한 정보, 과학적인 연구결과를 부정확하게 해석할 가능성이 크다는 것이다.

객관적으로 생각할 수 있도록 스스로 훈련하고 근거를 스스로 찾을 수 있는 능력을 갖추는 노력은 나도 모르는 사이 사회적으로 더 많은 사람을 위험에서 건져내는 일을 하는 것과 마찬가지임을 반드시 기억해야 한다.

우리가 매일 먹는 것이 우리의 몸을 만들고 영향을 끼치듯, 우리가 매일 생각하는 것이 우리의 존재를 만들고 영향을 끼친다.

팬데믹, 코로나, 질병, 백신……. 이 시대를 사는 사람이라면 대개는 자의 반, 타의 반으로 생각이 날 수밖에 없는 단어들이다. 그러나 이 단어들을 놓고 어떤 생각을 하느냐가 중요하다.

"한 사람이 지은 죄로 죽음이 사람을 지배하였으나 하나님의 풍성한 은혜와 의의 선물을 받는 모든 사람들은 한 분 예수 그리스도를 통해 생명을 얻게 되었습니다……. 한 사람이 순종치 않으므로 많은 사람이 죄인이 된 것같이 한 사람의 순종으로 많은 사람이 의롭게 될 것입니다." (로마서 5:17, 19)

"자유하게 하는 온전한 율법을 들여다보고 있는 자는 듣고 잊어버리는 자가 아니요 실행하는 자니 이 사람이 그 행하는 일에 복을 받으리라." (야고보서 1:25)

세상이 아닌 예수님에게 순종하는 한 사람으로, 오늘 우리가 실행해야 할 의로운 행실은 무엇일지, 복을 받을 만한 의로운 행실이 무엇일지 다시 한 번 점검해야 할 때이다,

05

주일예배가 전부인가요?

돌아보니 짧지 않은 시간 그리스도교 신앙을 갖고 살아오고 있다.

소위 말해, '열심을 내서' 성당이나 교회를 다니던 나의 시간을 돌아보거나 같이 신앙생활 하는 교우들을 봐도, 또 얘기를 들어봐도 의아한 점이 있었다.

그야말로 열심을 내자면, 특히 개신교 교회의 경우 거의 일주일 내내 교회에서 살다시피 해야 하는 것은 아닐까 하는 것이 내 경험과 생각만은 아닌 듯하다.

요일마다 각종 예배와 공동체 모임 그리고 예배 이외에 주중과 주일의 행사들에 열심히 참여하다 보면, 다른 직업을 갖지 않더라도 한 주의 시간이 빠듯할 지경이다.

한 시기는 경기도에 있는 집에서 서울 동부권에 있는 교회를 다니면서 월요일부터 매일 새벽예배에 참석하고, 서울 남부권의 일터로 출근을 해야 했다. 그리고 일요일에도 성가대 연습을 해야 하므로 이른 아침부터 저녁까지 온종일 교회에 있곤 하였다.

부활절, 크리스마스 등 특별한 시즌이면 평일 저녁에도 연습해야 하곤 했는데, 운영하던 매장이 운동센터이다 보니 저녁 시간이 가장 바쁜 시간이어서 부득이하게 참석이 어렵다고 하면, 믿음이 부족하다는 핀잔을 직접 듣기도 여러 번이었다.

그럴 때면 궁금해지곤 했다. 삶의 현장 곳곳에서 일하는 사람들을 '현장 사역자'라고 치켜세우며, 각자에게 맡겨진 소명대로 최선을 다하라 얘기하는 것과 생업의 일을 제쳐 두고 교회 행사를 최우선으로 해야 한다는 얘기는 왠지 앞뒤가 맞지 않는 듯했다.

먹고 사는 문제보다 중요한 것이 하나님의 일이라고 교회 안에서는 흔히들 얘기한다. 단지 먹고 사느라고 하나님의 일, 정확히는 물리적 시스템과 공간인 교회 일에 충성되지 않은 것은 하나님에 대한 불순종이며, 로마서 10장 25절의 말씀을 들어 '모이기를 중단하지 말기'를 강조한다.

그런데 과연 하나님의 나라, 하나님의 일이 무엇일까. 정말 모든 일상의 중심과 지향을 통상 '교회'라 불리는 물리적 시스템에 집중하는 것이 진짜 하나님께 순종하는 것인지에 대한 질문을 간혹 던지면, 아직 신앙이 어린 사람, 불순종의 기질을 가진 사람 취급을 받곤 했다.

꽤 오래전 텔레비전 개그 프로그램의 한 코너에 등장하는 인물의 대사가 한동안 유행어로 인기를 끈 적이 있었다.

"소는 누가 키우나?"였다.

우리가 하나님을 믿고, 예수를 주로 시인하며 소명을 찾고, 알고 살아가는 일의 현장은 어디까지나 일상의 한복판, 그중에서도 생업의 현장이 맞다고 생각한다. 신앙인으로 살아가는 본질을 생각하면 과연 생업의 현장을 소홀히 하고, 교회라고 불리는 곳에만 매달려 있는 모습에서 '소는 누가 키우나?'란 개그 대사가 떠오르는 것이 지나친 비약이기만 할까?

누군가는 맛있는 음식을 정성껏 지어 먹이는 일로, 누군가는 사람들의 건강을 돌보는 일로, 또 어느 누군가는 정확한 도수의 안경을 지어주는 일로, 누군가는 사람들이 입는 옷을 짓거나 판매하는 일로, 누군가는 전업주부로 좀 더 집중하여 살뜰히 가족들을 살피는 일로 서로서로 각자 하는 일에 기대어 우리는 생을 살아가고 있다.

그리스도인에게는 생업의 현장에서 만나는 사람들이 우리가 돌봐야 할 양이기도 하다.

교회에 속해 담임목사의 양이 되어 사는 것만이 제대로 사는 것이 아니지 않은가.

교회에 온종일 매여 있기 위해 생업의 현장에서 나의 도움이 필요한 사람들을 번번이 뒤로하고 교회 건물로 달려오는 것만이 신앙 깊음의 척도일까.

이 글의 원고작업을 하기 위해 여느 때처럼 이른 아침 일어난 일요일 아침, 딸 아이가 밤사이 보내온 카톡 문자 내용에 깜짝 놀랐다. 눈을 다시 씻고 봐야 할 정도로 믿기지 않는 내용이었다.

주말과 핼러윈을 맞아 이태원을 찾은 수많은 인파가 상점들 마감 시간이 되어 이미 인파가 몰린 거리로 한꺼번에 몰려나오며, 서로 밀고 밀리다가 150명에 가까운 사망자가 발생했다는 소식과 함께, 혹시 엄마, 아빠 주변에 일을 당한 사람은 없는지, 자기도 가까운 친구들 몇 명이 연락이 되지 않아 몹시 걱정하고 있다는 소식이었다. 로이터 통신 등 해외 언론사들은 금세기 최악의 압사 사고가 한국에서 일어났다는 소식을 세계로 퍼 나르고 있었다.

관련 기사들과 당시 실시간 상황들이 빠르게 올라왔던 SNS를 찾아보았다. 그중 참으로 한탄스러우며 가장 마음 아픈 장면이 눈에 박혔다.

글을 올린 이의 지인으로 현장에 있던 간호사의 이야기였는데, 매우 급한 상황에서 간호사로서 땀을 뻘뻘 흘리며 죽을힘을 다해 심폐소생술을 하고 있는 와중에 주변을 빙 둘러선 사람들이 사진이나 동영상을 촬영하느라 여념이 없고, 누구도 함께 사람을 살리는 손길을 보태지 않는 상황 속에서 무척 절망적이었다는 간호사 친구의 이야기를 전하며, 흥미 위주로 사진이나 동영상을 올리는 것을 제발 자제하자는 호소가 덧붙여 있었다.

상황과 진위를 정확히 알 수는 없으나, 당시 사고가 난 것으로 알려진 시각들에 올라온 그 무수히 많은 사진과 자극적인 동영상들을 보자면, 그 내용이 사실이 아닐 이유도 없어 보였다.

이후 조금 더 언론들의 취재가 보태지며, 한 명이라도 더 생명을 살리기 위해 눈물겹게 애썼던 사람들의 이야기도 올라왔지만, 그보다는 안타깝게도 그 현장을 소름 끼치도록 방관한 이해할 수 없는 사람들의 모습도 적지 않아 충격적이었다.

유명한 인터넷 방송 진행자가 인근에 도착했다는 소식이 전해지며 사람들이 웅성거리자, 그 좁은 언덕 골목 끝에 있던 누군가가 "밀어!"라고 소리 지르며 참극이 시작됐다는 증언마저 있었다. 그 어리석은 이기심이 불러

올 돌이킬 수 없는 무서운 비극을 감지하지 못하게 한 것은 과연 무엇이었을까.

클럽, 주점 등 사람들이 늦게까지 몰려 있던 가게들의 마감 시간 이후, 위험을 감지한 사람들이 살겠다고 다시 문을 나선 가게들로 몰려들자 많은 가게가 영업시간이 지났다는 이유로 문을 막거나 다시 들어온 사람들을 쫓아내 보내어 더욱 많은 사상자가 발생했다는 기사도 올라와 있었다.

딸 아이 친구 중 한 명이 그 현장에 있었는데, 다행히도 그 친구 아이는 긴급히 피하라고 문을 열어 준 가게 사장 덕분에 팔에 가벼운 타박상만 입고 더 큰 화는 면하게 되었다 한다.

예수님이 직접 얘기하셨다.
하나님의 나라가 언제 오겠느냐는 바리새파 사람들의 질문을 받고 예수님은 이렇게 대답하셨다.

"하나님의 나라는 볼 수 있게 오는 것이 아니며, 또 '여기 있다', '저기 있다' 하고 말할 수도 없다. 왜냐하면 하나님의 나라는 너희 안에 있기 때문이다."

(누가복음 17:20~21)

거듭난 그리스도인 한 사람 한 사람 각각이 모두 '하나님의 나라'이다.

이 나라의 수준이, 상태가 주변 사람들에게 평화가 되고, 빛과 소금이 되는지, 화와 재앙이 되는지에 대해 그리스도인 각자가 깨어 비판적인 시각으로, 때로는 회의적인 시선으로 담담히 세상을 보고, 듣고, 물어야 한다.

주일예배 강단에서 가장 빈번히 전해지는 복음 말씀, "먼저 하나님 나라와 하나님의 의를 구하라", "힘써 모이라."가 모든 일에 최우선으로 하여 교회 건물로 달려오는 것이라고 직접적이든 은근히든 전하고 있거나, 그것을 넘어 정죄감을 심어주며 강요를 하거나 받는 이들이 있다면…….

또 하나의 예수님 말씀을 새겨 보자.

"너희 율법교사들에게 화가 있다! 너희는 지식의 열쇠를 가로채서 너희 자신도 들어가지 않고, 또 들어가려고 하는 사람들도 막았다!" (누가복음 11:52)

코로나로 인해 세상의 모습과 기준이 재편되고 있다. 물리적 성장주의를 지향하던 많은 개신교 교회들의 성장에 빨간불이 켜진 지도 이미 꽤 오래되었다.

어쩌면 코로나 덕분에(?) 때로는 다른 가족들을 외면하고 주일예배에 참석해야만 했던 수많은 사람이 주님 지으신 일요일 오전의 평온한 햇살을 누리며 그동안 외면했던 가족, 친지들과 지내는 시간 속에서 서로 사랑하는 기쁨을 함께 누릴 수 있다는 사실을 발견한 후, 다시 물리적 공간인 교회 예배 현장으로 돌아오지 않거나 예전만큼 강박적으로 나가기 위해 애쓰지 않는지도 모른다.

《주일예배를 넘어서》(웨인 제이콥스 지음, 김자연 옮김, 믿음의 말씀사, 2020)라는 책에는 이미 코로나 훨씬 이전부터 전통 교회를 떠나는 사람들에 대한 이야기와 주일예배를 넘어선 삶에 대한 대안을 제시하고 있다.

책의 아홉 번째 장에서는 기존 전통 교회 문을 넘어선 이들을 위한 '일곱 가지 수칙'을 정리해 놓았는데, 소개해 본다.

첫째, 당신의 시간을 가지십시오.

둘째, 당신의 여정을 다른 이에게 강요하지 마십시오.

셋째, 다른 사람에게 입증받고자 하는 욕구를 내려놓으십시오.

넷째, 사랑의 흐름과 아름다움을 배우십시오.

다섯째, 그분 안에서 자라나는 당신의 신뢰를 지켜보십시오.

여섯째, 다른 사람들과 우정을 기르십시오.

일곱째, 하나님께서 그분의 교회에 관한 당신의 시야를 넓히도록 내어 드리십시오.

제자들을 그저 가르침과 훈련의 대상이 아닌 사랑받을 이들로 품고 가르치신 예수님이 하나님 나라의 기쁜 소식을 세상에 전하라고 제자들을 둘씩 짝을 지어 떠나보내 실 때, 그 제자들이 완벽하게 준비되었기 때문은 아니었을 것이다.

교회 예배에 빠짐없이 출석하고, 성경공부 모임에 개근을 하고, 교회 모임과 행사에 참석하다 보면 나도 언젠가 나의 선교지로 주님의 파송을 받겠지라고, 언제까지 준비만 하는 신앙생활을 할 것인지, 언제까지 사람인 누군가를 목자로 의지하여 그 사람의 기준대로 시키는 것만을 하며 때만 기다리며 살아갈 것인지, 이제는 새롭게 떠날 준비, 변화를 받아들일 마음을 새로이 해야 할 때가 아닌지, 내 안의 주님께 듣고, 물어보자.

06

자본주의 탐욕의 대안, 사회적 경제[*]

자본주의, 시장경제 하면 먼저 떠올려 볼 수 있는 것이 '기업'이다. 기업은 이윤추구를 목적으로 하며, 그 주된 이유는 주주들의 이익을 최대화하기 위해서이다. 물론 그 기업에 몸담고 있는 임직원들이나 협력사 등 관련 주체들의 생업의 장이 되어 주는 것, 정부에 세금을 내는 것 이외에도 언젠가부터 익숙해진 단어인 기업의 '사회적 공헌' 활동까지, 자본주의 활동의 집약체라고 할 수 있는 기업은 이렇게 '주주가치 실현' 말고도 '사회적 책임'도 추구해야 하는 자본주의 시스템에 의한 시장경제의 중요한 주체이다.

....

[*] 사람 중심의 경제, 혼합 경제 및 시장경제를 기반(이익 추구보다)으로 사회적 가치를 우위에 두는 경제 활동

그러나 자본주의가 태동하고 무르익고, 미국과 영국 등을 중심으로 한 신자유주의 흐름 속에서 기업활동을 근간으로 하는 시장경제는 점점 대안을 필요로 하는 수많은 문제점을 드러내고 있기도 하다.

한국노동연구원의 '2017년까지의 최상위 소득 비중 보고서'에 따르면 2017년 현재 대한민국 20세 이상 성인 중에서 소득 상위 10% 집단의 소득 비중은 50.6%이다. 절반을 넘어선 수치이다. 이 수치는 우리나라 사람 10명 중 1명이 전체 소득의 절반 이상을 가져가고 나머지 9명이 절반을 나눠 갖는 사회라는 이야기이기도 하다.

시장경제의 불평등을 드러내는 한 단면인 이 '소득 비중'만 놓고 보더라도 대한민국의 불평등 정도는 주요 자본주의 국가 중에서도 몹시 심각한 수준이며, 소득집중도는 미국, 일본에 비해서도 높다.

한국보건사회연구원이 2022년도 발행한 연구 논문 자료인 'COVID-19 유행 이후 소득수준에 따른 의료이용 불평등이 심화되었다.'는 결과를 보더라도 소득 불균형에 의한 문제는 인간의 가장 기본권리인 건강할 권리에도 더욱 악영향을 끼치고 있음을 알 수 있다.

이러한 불평등은 자연스럽게 사회의 양극화라는 문제를 다각도로 심화시킨다. 일자리 문제나 주택 문제, 교육문제, 인구문제, 보건의료문제 등등.

기존 시장경제 혹은 자본주의 시스템 안에서는 기업을 중심으로 한 이해관계자들을 위한 가치가 실현될수록 주주들의 이익은 줄어들고, 반대로 이해관계자들을 위한 가치가 줄어들어야만 주주들의 이익이 늘어나는 파이 나눠 먹기 게임을 하고 있는 셈이다.

1980년대부터 1990년대까지는 한국의 고도성장 시기였다. 이 시기에는 서울이 아닌 지역의 가난한 집안에서 태어나도 공부 열심히 하고, 허리띠를 졸라매면 좋은 직장에 들어가고 저축도 하여 어느 정도 시기가 되면 평생 살 집 하나 정도는 마련하고, 차도 사고 자녀들 교육도 시킬 수 있었으나, 그런 얘기는 이제 '전설의 고향'에나 등장하는 먼 옛날의 일 같다고 느끼는 사람이 대부분이다.

최근 몇 년 사이 무섭게 급등하는 집값 앞에서 'N포'의 포기해야 할 가지 수는 점점 늘어난다.

이러한 시장경제의 문제가 국가 존망의 문제와 맥을 달리하지 않는다는 자각도 등장한다.

성경을 살펴보면, 가난한 자와 약자의 보호법이라 불리는 신명기 24장을 비롯하여 곳곳에 가난한 사람 등 사회적 약자에 대한 하나님의 마음이 담겨 있음을 확인할 수 있다.

"당신들이 밭에서 곡식을 거둘 때에, 곡식 한 묶음을 잊어버리고 왔거든, 그것을 가지러 되돌아가지 마십시오. 그것은 외국 사람과 고아와 과부에게 돌아갈 몫입니다. 그래야만 주 당신들의 하나님이 당신들이 하는 모든 일에 복을 내려 주실 것입니다." (신명기 24:19)

"굶주린 사람들로 거기에 살게 하시어, 그들이 거기에다 사람 사는 성읍을 세우게 하시고, - 중략 - 가난한 사람은 그 고달픔에서 벗어나게 해주시고, 그 가족을 양 떼처럼 번성하게 하셨다. 정직한 사람은 이것을 보고 즐거워하고, 사악한 사람은 말문이 막힐 것이다." (시편 107:36, 41-42)

"가난한 사람의 부르짖음에 귀를 막으면, 자기가 부르짖을 때에 아무도 대답하지 않는다." (잠언 21:13)

"의인은 가난한 사람의 사정을 잘 알지만, 악인은 가난한 사람의 사정쯤은 못 본 체한다." (잠언 29:7)

근세기 이후, 전 세계 교회 성장사에서 우리나라만큼 급속한 양적 성장을 이룬 나라가 없다는 것은 잘 알려진 사실이다. 우리나라 인구 중 꽤 많은 사람이 그리스도인이라는 얘기이며, 그 얘기는 곧 앞에서 언급한 성경의 말씀을 통해 더불어 살아가는 사회 구성원으로서 행해야 할 구체적인 모습을 더욱 빈번하게 듣고 배웠다는 얘기이기도 하다.

그리고 우리나라는 '홍익인간(弘益人間)'이라는 뿌리 깊은 사회적 가치관을 가진 민족이기도 하다. '널리 사람과 공동체의 이로움을 추구하라.'라는 이 가치관은 우리 민족의 토대이며, 살아가며 추구해야 할 사회살이의 기본 이치였다.

이러한 사회적 토양은, 한국인이자 그리스도인인 이들이야말로 나와 내가 속한 이익집단의 더 많은 이익과 돈을 좇는 가치관과는 다른 정신으로 세상을 살아갈 준비가 가장 잘 된 이들이어야 한다는 말이기도 하다.

주주들에게 더 많은 이익을 안겨 주기 위해 더욱 응집하는 기업과 내 교회가 더욱 많은 성도를 거느린 대형 교회가 되기 위해 최선을 다하는 모습이 별반 다를 바 없다는 실망을 넘어선 절망이 없었더라면, 어쩌면 한국은 OECD 소속의 경제 대국을 넘어서 진작에 세계의 진정한 리더 국가로 선한 영향력을 더해가고 있지는 않을까.

몇 년 전부터 기업을 둘러싸고 자주 등장하는 용어가 있다. ESG 경영이 그것이다.

ESG란 기업의 비재무적인 요소인 Environmental(환경)−Social(사회)−Governance(지배구조)를 의미하는 것으로, ESG 경영이란 장기적으로 기업이 친환경 및 사회적 책임경영과 투명경영을 통해 지속 가능한 발전을 추구하는 것이라고 할 수 있다.

기후, 에너지, 환경 문제에 있어서 이윤추구가 최우선이 아닌 환경을 살림으로써 사회 구성원들이 더 오래도록 안전하게 살아갈 방법을 추구하는 경영, 노동환경을 개선하는 등 사회 시스템으로 사람들을 사회적으로 책임을 질 수 있는 경영, 법과 윤리를 준수하는 투명경영 등을 예로 들 수 있다. 즉 기업과 사회의 지속 가능함을 위한 사회적인 역할이 강조된 기업 경영에 초점을 두고 있다고 할 수 있다.

기업의 ESG 경영을 '사회적 경제'라는 맥락에서 이해할 필요가 있다.
'시장경제가 이윤의 극대화를 최고의 가치로 따른다면, 사회적 경제는 사회적 가치가 우선이 되는 경제 개념'으로 아직은 대다수 사람에게는 낯선 개념일 수 있다 보니 어떤 사람은 '사회주의'로 오인하여 막연한 거부감 혹은 적대감을 드러내기도 한다.

생각보다 오래전부터 우리나라에서도 협동조합 등의 형태로 이러한 사회적 경제의 이상을 실현하는 시도가 지속 되어 오고 있었다.
대기업을 중심으로 한 ESG 경영의 일부로서가 아닌, 탐욕으로 물든 자본주의의 대안을 찾는 노력이 '사회적 경제'라는 이름으로 꾸준히 연구되고 시도되고 크고 작은 성과들을 내고 있다는 것은, 이 사회의 주역으로서 선한 영향력을 갖고 능력을 키워가야 할 그리스도인이 공부하고 일할 만한 분야임은 틀림없는 듯하다.

우리나라의 본격적인 사회적 경제 시스템의 인식 확대와 이에 따른 다양한 시도의 특징 가운데 하나는 민간에서 차근차근 본질에 충실한 시스템을 모색하고 실행해 왔다기보다는 정부 주도에 의한 취약계층 일자리 창출의 소극적인 개념의 사회적 경제 실현 방법이 한동안 주를 이뤄 왔다는 것이다.

일반인들에게도 비교적 친숙한 '아름다운 가게' 등의 사회적 협동조합, 주로 농산물 생산과 유통으로 대중들에게 친숙한 생활협동조합(생협) 정도가 일반 대중들에게 그나마 알려진 사회적 경제 조직들일 텐데, 이외에도 다양한 형태의 사회적 경제 조직들이 존재하고 조금씩 그 영향력을 확장하고 있다.

쪽방촌 사람들이 서로 의지하며 모범적인 자조 금융을 만들어간 '동자동 사랑방', 가난한 학우들에게 밥을 나누기 위해 대학생들 스스로가 만든 '십시일밥', 중고컴퓨터 업사이클링을 하는 사회적기업 '피플앤닷컴', 지역사회 안에서 정신적인 어려움을 갖고 살아가는 사람들의 회복과 재활을 지원하는 정신 재활 시설인 '마음샘 정신재활센터', 탈가정 청소년들의 가족이 되어 공동생활가정-그룹홈을 꾸려온 사단법인 '둘꽃청소년세상', 정부와 민간을 잇는 다리 역할을 하며 사회적 경제 관련 조직들을 인큐베이팅하고 돕는 '군포시 사회적 경제-마을공동체지원센터'와 같은 사회적 경제 중간조직 등등 협동조합, 마을공동체, 사회적기업, 비영리 사단법인 등 사회적 경제로 실현해 낼 수 있는 영역은 무궁무진함을 알 수 있다.

젊은이들을 중심으로 최근 몇 년 사이 부쩍 사랑받는 세계적인 의류 브랜드가 된 '파타고니아(Patagonia)'도 환경보호를 최고의 기업가치로 하여 경영되는 사회적기업이다.

국내 대기업들도 기존의 사회공헌활동을 통해 기업의 이윤 일부를 사회에 조금 나누는 것을 넘어 본격적인 사회적 경제 지원 활동 및 주체로서 활동을 넓혀가고 있다.

이러한 우리나라 사회적 경제의 역사, 개념, 현황 등을 한눈에 살펴보기 위해 많이 추천되는 대표적인 도서가 있다. 《개정판 사회적경제학》(최중석 외, 좋은땅, 2023)이라는 책이다.

이 책의 부제를 보면 '사회적 경제'라는 개념이 낯선 사람들도 비교적 쉽게 이해할 수 있는 실마리가 될 듯하다. 바로 '더불어 행복한 사회를 위한 사람 중심의 경제'이다.

책의 일부 내용을 보면 사회적 경제가 무엇이고, 왜 필요한지, 어떤 방향으로 나아가야 하는가에 대한 이해를 시작할 수 있다.

"공동체 구성원 간에 더 많은 재물을 좇고 잉여를 끝도 없이 축적하는 일은 대다수 서민이나 지역사회를 위하여 안정된 물질적 삶을 보장하지도 못하며 후손들에게 더불어 행복한 세상을 물려 줄 수 있는 방법도 아니다. 지금까지 많은 선구자와 여러 지역에서 사람의 가치와 공동체의 행복을 위하여 노력해 왔듯이 앞으로도 개인 삶의 가치와 자존감을 높이고 공동체에 대한 소속감과 상호 간 신뢰 및 연대를 높일 수 있는 선순환 체계를 더 다듬어 나가야 한다. 올바른 길에 대한 개념을 다시 정리하고 더불어 행복한 사람 중심의 사회가 목적이 되고 가치가 되도록 함께 노력해야 한다."

사회적 경제를 다룬 또 하나의 책 내용 한 부분은 우리가 사회적 경제를 실현해 나가는 데 있어서 어쩌면 가장 중요한 실행 지침인 '시간'에 대해 깊은 성찰로 인도한다.

"그러나 우리가 잊지 말아야 할 것은, 사회적 경제에서 정작 중요한 것은 법과 제도와 정책이 아니라는 점이다. 가장 중요한 것은 사람 중심의 조직을 만들려는, 아주 길고 긴 일상의 노력이다." (《자유로서의 사회적 경제》, 김종걸, 북사피엔스)

내 몫을 선뜻 떼어 내어 남을 위해 사용하는 일이 말처럼 쉬운 일은 아니지만, 이 분야에 헌신하여 길을 내며 걸어가는 많은 이들을 보면 결코 불가능한 일이 아님에 용기를 얻게 된다.

'재미난 청춘 세상'이라는 재미난 이름의 사회적 경제 교육프로그램을 운영하는 이민재 대표는 공학박사이며 안정적인 IT 컨설팅 기업의 대표로서 그야말로 마음만 먹으면 안락한 노후를 보내기에 부족함이 없을 텐데도, 끊임없이 좀 더 나은 세상, 더불어 사는 세상을 꿈꾸며 사회적 경제의 주역이 될 사회적 기업가를 길러내는 교육프로그램을 수년째 사비를 들여 차근차근 운영해 오고 있다.

사회적 경제에 관심 있는 중장년 퇴직자에게는 새로운 직업 기회를, 직업이 절박한 청년 구직자와 보호 종료 청소년에게는 미래를 준비할 수 있는 사회적 경제 기업 창업 프로그램을 제공하는 일을 하는 '재미난 청춘 세상'이 공유하고자 하는 가치가 이 한 줄에 잘 압축되어 있다.

재미난 청춘 세상은, '미생(未生)'이 상생(相生)하여 완생(完生)이 되는 세상'이 되는 곳이다.

'재미난 청춘 세상' 이야기를 들으며 다음과 같은 주님 말씀이 오늘의 삶 속에 실제화된 하나의 예는 아닐까 생각해 본다.

"선을 행함과 가진 것을 나눠주기를 소홀히 하지 마십시오. 하나님께서는 이런 제사를 기뻐하십니다." (히브리서 13:16)

3장

마지막 때 구원받는 7가지 방법

01

인생 사용설명서, 성경이 답이다

나도 당신도 내일 어디에 가 있을지 정확히 모른다. 1분 후에 일어날 일조차도 모른다. 1분뿐이 아니라 우리는 1초 후의 일도 모른다.

며칠 전 신학이란 무엇인지를 소개하는 유명한 책 한 권을 읽다가, 뛰어난 신학자로 불리는 저자가 신학은 무엇인가, 어떻게 이해할 것인가 깊이 고민하며 얻은 하나의 답이 '신학은 지도'라는 것이었다. 하늘 아래 새로운 것은 없다는 전도서의 금언을 떠올린 저자는 가장 저명한 기독교 변증가인 C.S. 루이스의 글을 여러 참고문헌을 뒤적이다 찾아냈다.

"지도가 색칠한 종잇조각에 불과하다는 것이 아무리 사실일지라도 여러분이 지도에 관해 기억해야 할 사실이 두 가지가 있습니다.

첫째는 그 지도가 수백, 수천 명의 사람들이 진짜 대서양을 항해하면서 발견한 사실에 토대를 두고 있다는 사실입니다. ─ 중략 ─

둘째는, 여러분이 어딘가 가고자 할 때 지도가 절대적으로 필요하다는 사실입니다……. 신학은 지도와 같습니다……. 교리는 하나님이 아닙니다. 일종의 지도일 뿐입니다. 그러나 그 지도는 정말 하나님을 만났던 수백 명의 경험에 토대를 두고 있습니다. 또한 여러분이 더 먼 곳에 가고자 한다면 반드시 지도를 써야 합니다."

신학이 하나님 그 자체라고 일컬어지는 성경에 이르는 지도라면, 성경은 그 지도의 원천이다.

신학이 지도라 할지라도 모든 것을 안내해 주지는 못한다. 인간의 것이기에.

그러나 성경은 하나님으로부터 온 것이기에 우리의 기원과 우리의 무수한 습성과 그 습성이 지어내는 결과들과 그리고 끝내 우리가 가야 할 곳이 어디인지, 그래서 우리에게 끝내 무슨 일이 일어나는지를 모두 보여주는, 하나님에게 나아가 도달하기 위한 가장 확실한 지도의 원천이다.

내가 성경에서 좋아하는 장면 중 하나가 예언자 엘리야에 대한 부분인데,

그중에서도 지쳐 쓰러지기 일보 직전의 엘리야가 그릿 시냇가에 도달해 하나님의 공급하심으로 쉼을 얻고, 그리하여 새 힘을 얻어 다음 장소로 나아가 다음 할 일을 해내는 이야기이다.

"이곳을 떠나 동쪽으로 가서 요단강 동편의 그릿 시냇가에 숨고 물은 그 시내에서 마셔라. 먹을 것은 내가 까마귀에게 명령하여 공급하도록 하겠다."

(열왕기상 17:3-4)

"그래서 그는 여호와의 명령에 순종하여 그릿 시냇가로 가 그곳에 머물러 있으면서 그 시냇물을 마시고 아침저녁으로 까마귀들이 물어다 주는 빵과 고기를 먹었다."

(열왕기상 17:5-6)

살면서 도대체 내가 지금 무언가를 잘하고 있는 것인지, 잘 가고 있는 것인지 도무지 확신이 서지 않고, 헤맬 때 나는 종종 열왕기의 엘리야 이야기를 펴본다.

나의 의지, 나의 예측으로는 해나갈 수 없는 상황에서 엘리야의 이야기를 보며, '아! 결국 인도해 가시는 것은 주님이시다.'는 것을 볼 때마다 새롭게 배운다.

성경은 지도 중의 지도로, 아주 세세하고 구체적이며 명확한 주석까지 달려 이 한 장을 갖고 있으면 아무리 험한 인생의 험로를 항해할지라도 결국에는 우리가 안전한 땅에 도달할 수 있도록 하나님이 제작하신 상세하고도 상세한 지도이다.

02

예수, 그 이름으로 먼저 구원받으라

'예수는 누구인가?'라는 질문은 그리스도인은 물론이고 비그리스도인 또는 진지한 안티기독교인이라도 한 번쯤은 던져보았을 질문이다.

흔히들 말한다. 너만의 하나님을 만나라고.

예수님은 성육신하신 하나님이시니 예수님을 알아야 길이신 그분을 통해 하나님을 알고 하나님을 만날 수 있다. 예수 이름으로 구원받으라는 얘기는, 곧 당신이 하나님을 알기를, '사랑'이신 하나님을 알기를 바란다는 의미라고 생각한다.

예수의 그 이름으로 구원을 받는다는 것은 내가 누군가에 의해 목숨을 걸고 지켜내어 진 그런 존재라는 것을 확인하는 작업이다.

이 글을 쓰고 있는 이즈음 내가 하는 일은 공공기관에서 운동처방사로서 건강한 생활습관을 갖기 위해 무엇이 문제인지 파악하고, 그렇다면 어떻게 운동을 습관으로 만들어 건강한 생활습관을 회복할지를 매일, 한 사람 한 사람의 내담자를 만나 일종의 컨설팅을 해 주는 일이다.

지난 1년여 동안 만난 수백여 명의 사람, 그리고 오늘도 건강의 여정을 함께하면서 하나님과 인간에 대해 더 많은 생각을 하게 된다.

태어날 때 대부분 사람은 건강하게 태어난다.

스트레칭 자세 중 '아기 자세'라는 것이 있는데, 말 그대로 영유아기의 아기들이 엎드려서 엉덩이를 하늘로 올리고 자는 자세에서 착안한 것이어서 그런 동작 이름이 붙었을 것이다.

어른 자세가 아닌 '아기 자세'가 좋은 이유는 그것이 사람에게 좋은 자세이기 때문이고, 또 앉았다 일어나는 자세도 걸음마를 배워 아장아장 걷는 아기가 앉았다 일어나는 모양대로 하는 것이 허리와 무릎에도 안전하기 때문이다.

그런데 시간이 흐르면서 대부분의 사람은, 아니 모든 사람은 걸음걸이가 무너지고, 자세가 흐트러진다. 그러면서 디스크다 관절염이다 여기저기 근

골격계의 문제를 안고 살아가다가 나이 들고 죽게 된다.

그런 것을 보면서 완벽한 자세를 갖고 태어났지만, 점점 그 모습을 잃어버리고 병약해지는 인간의 모습이 실낙원한 아담과 이브의 처지를 떠올리게 한다.

하나님을 닮아 완전한 존재로서, 완전한 곳인 에덴동산에 살던 인간.

어쩌면 그곳을 떠난 인간의 당연한 삶의 모습일지도 모르지만, 희망은 있다.

6개월간 이어지는 건강관리 프로그램을 통해 한 명, 한 명의 사람들이 누군가는 꽤 놀랍도록, 또 어떤 사람들은 서서히 '회복'되어 가는 모습 - 아팠던 무릎이 이제 안 아파서 기분 좋게 걸을 수 있어요. 아팠던 어깨 때문에 팔이 안 올라가고 밤에 잘 때도 아팠는데, 이제 팔이 올라가니 얼마나 편한지 모르겠어요. - 을 보게 되었다.

걷는 것, 팔을 올리는 동작 등 대부분의 사람에게는 지극히 자연스러운 일들이 어느새 자신을 떠나있다가 그것이 다시 자연스러워지는 일을 보며, 마치 나는 복원가의 자리에 있다는 생각을 하게 된다. 원래의 모습으로 되돌아가는. 그 원래의 모습으로 되돌아가는 것을 사람들은 '회복이 되었다.'고 얘기하지만, 어디로 돌아간 것인가. 원래의 모습이다.

신께서 우리를 창조하신 온전한 모습, 그 모습.

운동센터를 운영하던 수년 동안, 그리고 지금 일하는 현장에서 날이 갈수록 그 중요성을 절감하는 일이 있다. 바로 올바른 자세의 걷기이다. 여러 곳에서 바른 걷기 운동, 바른 걷기 배우기 등이 행해지고 있기도 하지만, 참으로 놀랍게도 대부분 우리를 찾아오는 그 많은 사람은 여전히 올바른 방법으로 걷는 것을 잊고 있다.

운동을 본격적으로 하기 전의 분들이든, 아니면 이미 운동을 오래 해오고 있는 분들일지라도 아주 기본적인 걷기의 원리와 방법을 알려드리면 놀라워들 하신다. 그리고 그 어떤 운동방법보다도 즉각 이해하고, 실천하고 싶어 한다. 그리고 시간이 흘러 중간상담의 시기가 되어 만났을 때 올바른 걷기 방법을 잘 실천한 분들은 예외 없이 상태가 좋아지며, 자신감이 생기고, 목소리에도 힘이 생기고, 활력이 올라간 것이 눈에 보인다.

어쩌면 예수님을 알고 그분을 통해 구원받아야 하는 이유는, 그분은 마치 우리 일생의 모든 움직임의 기본이 되는 '걷기'이기 때문인 것도 같다.

우리는 '동물, 움직이는 존재'이다. 그 움직임의 기본, 걷기. 그런데도 그 기본을 잊거나 잃어 여기저기 아프고, 잘 걷지 못해 고통스러워하는 사람들을 보며 우리 존재의 복원사이신 예수님을 만나는 일이 곧 구원이란 생각을 해 본다.

걷지 않고 움직이기는 정말 어려운 일이다. 걸어야만 이곳에서 저곳으로 이동할 수 있다.

누구에게나 심어 놓으신(참으로 안타깝게도 그 기능을 처음부터 갖지 못한 누군가도, 또 잃어버린 분들도 있지만), 가장 기본적인 이동 방법이다. 이동, 파스카 그리고 구원받다.

구원받으려면 이동해야 한다. 건너뛰어(파스카)야 한다.

어느새 당연한 것이 되어버린 무너진 자세를 뒤로하고, 원래의 방법으로 나를 되돌리는 일을 하면 건강을 회복하듯이 우리 역시 예수님을 통해 하나님께 닿을 때, 그것이 진정으로 건강한 삶이고 의미 있는 삶이다.

"나는 길이요 진리요 생명이니 나를 거치지 않고서는 아무도 아버지께로 갈 사람이 없다." (요한복음 14:6)

03

받은 그대로 전하라

우리는 하늘나라의 완전한 실체이신 예수님의 사랑을 값없이 받은 자들이다.

그리고 그리스도인은 '서로 사랑하라.'라는 소식을 전하러 세상 속으로 들어온 자들이다.

그러려면 우선 그 사랑이란 무엇인가, 어떻게 하는 것이 사랑하는 것인가에 대해 성찰을 하지 않고서 제대로 된 사랑을, 제대로 전하기는 어려울 것이다.

얼마 전 지인이신 천주교의 한 수도회 수사님이 번역하신 책을 보내주셨는데, 그 중 '균형의 비밀'이라는 짧은 꼭지의 글이 생각난다.

엄마와 아름다운 바닷가를 걷던 어린 딸이 엄마에게 물어본다.

"엄마, 사랑이 계속 곁에 있게 하려면 어떻게 해야 하나요?"

지혜로운 엄마는 걷던 바닷가의 모래를 딸에게 힘껏 쥐어 보게 했더니 이내 모래는 손가락 사이로 빠져 나가 버렸다.

울상을 짓는 딸에게 엄마는 다시 손바닥 위에 모래를 조금 집어 올려 보라 했다. 곧 모래는 불어오던 바람에 흩날려 가 버리고 만다.

모래가 또 사라졌다 실망하는 듯한 아이에게 눈높이를 맞춘 엄마는 이렇게 이야기해 주며 해 보게 한다.

"애야, 모래를 계속 손에 쥐고 있으려면 힘을 조절해야 해. 바람에 날아가지 않게 하려면 손을 살짝 오므려 보호하듯 감싸야 하지. 또 너무 세게 움켜쥐어 사라지지 않도록 반쯤 손을 열어 자유를 주어야 한단다……. 애야, 잘 기억해 두렴! 사랑도 이 모래와 같단다." (《참 사랑스러운 이야기》, 다를레이 자농 지음, 김동주 수사 옮김, 성바오로 출판사)

이 예화를 보면서 사랑은 무엇인지, 사랑을 어떻게 전해야 하는지에 대해 고개를 끄덕이며 생각을 할 수 있었다.

그 유명한 사랑의 정의가 "사랑은 언제나 오래 참고"로 시작되는 고린도전서 13장의 말씀 중에 선명히 드러난다. 오래전 한 번은 문득 '사랑장'이라 불리는 이 고린도전서 13장을 펴 놓고, '사랑은'이라 정의되는 것이 몇 가지인가 세어 본 적이 있다.

　열여섯 가지이다.

"내가 가지고 있는 모든 것을 가난한 사람들에게 나눠주고 또 내 몸을 불사르게
내어준다 해도 사랑이 없으면 그것이 나에게 아무 유익이 되지 않습니다.

　사랑은 언제나 오래 참고,

　친절하며,

　질투하지 않고

　자랑하지 않으며

　잘난척하지 않습니다.

　사랑은 버릇없이 행동하지 않고

　이기적이거나

　성내지 않으며

　악한 것을 생각하지 않습니다.

　사랑은 불의를 기뻐하지 않고

　진리와 함께 기뻐합니다.

　사랑은 모든 것을 참으며

　모든 것을 믿으며

　모든 것을 바라고

또 모든 것을 **견딥니다.**

　사랑은 결코 없어지지 않습니다. 그러나 예언도 없어지고 방언도 그치고 지식도 사라질 것입니다." (고린도전서 13:3-8)

　직접적으로 '사랑은'이라 정의된 것은 15가지이지만, 이 절들을 이끄는 13장 3절, 그 말씀이 없으면 아무것도 아닌 무엇, 그것이 사랑이라는 대정의까지 합하면 16가지라 할 수 있을 것 같다.

　사랑에 대한 이 정의를 세어보고, 또 읽고 읽으며 묵상을 해 보면 해 볼수록 나는 마치 모래를 잔뜩 움켜쥐었는데 손가락 사이로 흘러나가 버리는 것 같은, 또 손바닥 위에 조금 올려놓은 모래가 바람에 날려가 버려 황망한 예화 속 그 어린 딸 같은 마음이 되어 버린다.

　아, 사랑은 결코 이 열여섯 가지 정의를 다 한 번에 해낼 수는 없는 일이로구나, 인간으로서는 결코.

　한 번에는커녕 평생을 살면서 이 열여섯 가지 사랑의 정의를 실천해 보지 못하는 것도 있을 수 있는 것이 '나'이구나.

　비록 예수님은 모든 것을, 생명까지도 우리에게 내어주신 온전한 사랑, 열여섯 가지 사랑, 아니 수를 셀 수조차 없는 사랑을 우리에게 남겨 주고 가셨지만, 그분의 사랑을 받은 우리는 한 번에 모든 사랑을 할 수는 없다는 한계를 평안히 받아들이는 것, 다 하겠다는 욕심을 Give Up, 포기하는 것, 내 욕심을 내어드리고 그분께 전적으로 의탁하는 것이 어쩌면 하나님의 자녀인 우리가 그분에게 받은 대로 누군가에게 그 사랑을 돌려주는 출발점이 아닐까 한다.

"우리가 전에 말한 대로 내가 다시 말하지만 누구든지 여러분이 이미 받은 기쁜 소식 외에 다른 것을 전하면 저주를 받을 것입니다." (갈라디아서 1:9)

"여러분도 알고 있겠지만 우리가 한 번도 아첨하는 말을 하지 않았고 욕심의 가면을 쓰지 않았다는 것은 하나님이 증거하고 계십니다……. 오히려 우리는 마치 어머니가 자기 자녀를 돌보듯 여러분을 부드럽게 대했습니다." (데살로니카전서 2:5, 7)

그저 주님께 받은 기쁜 소식, '애야 내가 너를 목숨을 바쳐 사랑한다. 그러니 너는 가서 그 사랑을 네가 할 수 있는 만큼 평안히 전해라.'라는 당부를 잊지 않는 것, 그리고 보태지도 더하지도 말고 그저 내가 그 사랑으로 살아낸 이야기를 전하는 것이 우리가 맡은 복음 전도의 일일 것이다.

04

하나님에 대한 잃어버린 사랑을 회복하라

우리는 왜, 언제 하나님의 사랑을 잃어버릴까?

1. 먼저 무엇을 구하는가에 달려있다.

"너희는 먼저 하나님의 나라와 하나님의 의를 구하여라. 그리하면 이 모든 것을 너희에게 더하여 주실 것이다." (마태복음 6:33)

"그러므로 내일 일을 걱정하지 말아라. 내일 걱정은 내일이 맡아서 할 것이다. 한 날의 피로움은 그날에 겪는 것으로 족하다." (마태복음 6:34)

세례를 받고 난 후 교회 공동체의 일원으로 예배를 드리고, 소공동체 모임도 열심히 하고, 교회 공동체의 직분을 맡아 열심히 생활하던 때였다.

평생 완벽주의자로 사회생활을 하신 어머니 밑에서 자란 나는 어릴 적 한 번도 집에서 엄마 친구들이나 동네 아주머니들이 함께 모여 교제하는 것을 제대로 본 기억이 없다. 직장 생활로 늘 바쁘신 데다가 몸이 성치 않은 언니 그리고 나와 동생, 이렇게 세 아이까지 신경 써야 하는 완벽주의자 엄마는 외할머니가 살림을 맡아 주고 계셨음에도 늘 몸이 두 개여도 모자란 듯 바빠 보이셨다.

주말에도 밀린 집안일에 아이들 돌보는 일에, 그리고 다음 주를 준비하는 일에 늘 분주해 보이셨던 부모님이셨다.

그랬기 때문에 어쩌다 친구네 집에 놀러 가 친구 엄마와 다른 아주머니들이 교류하는 장면은 내게는 익숙하지 않은 낯선 풍경이었고, 결혼하여 아이를 낳고 기르며 가장 곤혹스러웠던 일도 바로 다른 엄마들과 무리를 지어 어울리는 일이었다.

그러다가 공동체로 어울리는 것의 유익과 기쁨을 배운 것이, 교회 공동체를 통해서였다.

세례를 받고 교회 생활을 시작한 것은 천주교 성당을 통해서였는데, 비슷한 또래들을 키우는 엄마들 그리고 이미 장성하여 시집, 장가간 아들, 딸,

손자까지도 있는 분들까지 우리 소공동체에는 연령차가 큰 자매님들이 함께했다. 하지만 서로 돕고 배려하면서 인생 선배님들께, 또 신앙의 선배들에게 서로 배우면서 어우러진 그 몇 년이 경제적으로는 참 힘들었지만, 돌아보니 공동체에 속한 기쁨과 힘으로 그 힘든 시기를 지날 수 있었기에 새삼 감사하다.

이렇게 공동체와 더불어 살아가는 유익을 배우면서 작은 규모의 내 일도 경영하기 시작했다. 1주일에 두세 번은 대학 시간강사, 광고 기획이나 카피라이팅 등의 프리랜서일까지 몸이 두 개여도 모자를 만큼 바쁘고 고단한 일상이었다. 그런 중에 아직까지도 가슴 깊이 고마운 일이 있는데, 바로 윗집 성규네 가족과 이웃들의 도움 속에서 아이를 넉넉한 사랑과 관심 속에서 키울 수 있던 것이다.

그런데 시간이 꽤 지나 돌아보니 많이 후회되는 일이 생각이 났다. 경제적으로 몹시 힘들었어도, 그 고생을 견디고 이겨낼 만큼의 기쁨과 감사함이 내 안에 있었는데 그 이유는 전적으로 예수님 안에서 서로 돌보며 사랑을 나누는 일을 배우고 있었기 때문이었다.

그때는 그 위대한 가치를 미처 깨닫지 못한 어리석은 나였으니, 주님 안에 머물며 '서로 사랑하라.'라는 최고의 가르침을 좀 더 제대로 배우고 몸과 영혼에 새겼어야 했다.

　그러나 사랑의 방법인 '끝까지 참고 인내함'을 이제 막 배우기 시작했을 뿐인 나는, 내 영혼 어딘가에서 '이건 아니야.'라는 작지만 선명한 소리가 울려왔음에도 불구하고 애써 외면했다. 다시 급하게 돈을 좀 더 많이 벌기 위해 세상으로 뛰쳐나가 다시 풀타임 직장 생활을 시작했다. 이렇게 시작한 직장 생활은 매우 가혹했고, 그 후 몇 년간 그저 돈을 벌겠다는 일념으로 나 스스로를 혹사한 끝에 완전히 번아웃이 되어 적지 않은 시간을 생사의 기로에서 서성여야만 했다. 그야말로 주님으로부터의 지혜 없음이 만들어낸 참담한 결과였다.

　그때 함께 기도하던 모임의 언니가 "자매님, 물론 다시 그런 직장에 들어가는 것은 참 대단한 일이고, 꼭 필요한 일일 수도 있어요. 하지만 우리 더도 말고 딱 석 달만 함께 주님께 기도해 보면 어떨까? 왠지 꼭 그래야 할 것 같아. 자매님의 상황이 어려운 것은 잘 알지만, 지금 왠지 급하게 기도도 해 보지 않은 채 제법 월급을 많이 주는 직장이라고, 작지만 잘 자리 잡아가는 하던 일까지 바로 다 접어 버리고 덜컥 들어가는 것은 너무 성급한 일일 수도 있지 않을까?"라고 조심스럽게 그러나 꽤 단호하게 권면했던 기억이 생생하다.

'아니, 아무리 자매님의 일이 아니라지만, 그래도 몇 년간의 내 상황을 알고 있는데도 저런 속 편한 소리를 하는 걸까?' 하며 한편 서운한 마음마저 들었다. 그러면서 그 기도 권유를 뿌리치고, 당시까지 제법 급했던 성격대로 순식간에 기존에 해 오던 이런저런 일들을 정리하고, 제법 높은 직함이 달린 명함 따라 일터를 옮긴 적이 있다.

국내 내로라하는 대기업들, 큰 공공기관들과 일하는 내내 기쁨보다 늘 마음이 무겁고, 날이 갈수록 불안하고, 몸도 점점 지쳐가기까지 했다. 수단과 방법을 가리지 않고 어떡하면 돈을 더 많이 벌어 상류층 생활을 할 수 있을까가 모든 것의 기준이 되는 회사 대표 아래서, 몸과 마음이 아주 피폐해졌던 시기였다.

한계가 뚜렷한 인간으로서, 주님이 각자에게 허락하신 분량이 있는데, 그런 것은 돌아볼 생각조차 하지 않고, 욕심껏 모든 수단과 방법을 동원하면 언젠가는 나도 한 재산, 한 자리 차지할 수 있으리라는 지극히 세상적인 추구에 혈안이 된 한 사람이, 얼마나 여러 사람을 고통과 불행한 결과에 이르게 하는지를 아주 생생하게 목도한 수년간이었다.

성실하고 똑똑한 직원들이 들어 왔다가도 채 몇 개월을 버티지 못하고, 무엇보다도 대표의 히스테리와 폭언에 심한 영혼의 상처를 입고, 어디서도 들어본 적도 없고 본적도 없는 서러운 울음을 울며 그야말로 눈물을 흘리고 떠다 보내는 일이 이사직을 맡고 있던 내가 가장 빈번히 마주해야 하는 일이었다. 그런 처사에 나름 힘껏 대항해 맞서 싸우는 일과 함께.

나이나 사회경험 그리고 체력, 그 무엇으로도 그 회사 대표와 마주하여 직원들을 방어하는 것은 정말로 힘겹고도 역부족인 일이었다. 결국은 하나님이 나를 결정적으로 번아웃 시키셔서 어리석은 버티기로 연명하던 나의 어리석음을 멈추게 하셨다. 그 과정에서 남은 직원들이 내가 병가에 들어간 후 오랜 기간 고생한 것을 생각하면 아직도 몹시 미안하고 안타깝다.

내 안에 주님이 가득 계셨다면, 그렇게 기도하자는 권면을 무시한 채 세상 속으로 뛰어들어 말도 안 되게 몸과 마음이 고단한 생활을 7년 가까이 할 리가 없다는 것을 이제는 인정한다.
하나님을 잃은 채 세상이 매어 놓은 위태로운 외줄 위에서, 나의 의로 질주하는 것이 얼마나 위험천만한 일인지, 스올의 골짜기로 스스로 달리는 어리석은 일인지, 가족들까지 매우 혹독하게 대가를 지불하게 하고 배운 아프고 쓴 경험이었다.

이런 때에도 예외 없이 하나님을 잃을 확률이 매우 높다.

2. 은혜가 아닌 율법 아래에 있을 때

은혜는 교리가 아니라 복음, 은혜는 예수님 그 자체이다

"여러분은 율법 아래 있지 않고, 은혜 아래 있으므로, 죄가 여러분을 다스릴 수 없을 것입니다." (로마서 6:14)

"죄에서 해방을 받아서 의의 종이 된 것입니다." (로마서 6:18)

죄는 하나님을 떠나게 한다. 마치 뱀의 유혹에 넘어간 아담과 하와처럼.
죄는 빛에서 떠나게 한다.
빛을 떠나면 춥고 어두운 곳에 거하게 되고
그러면 갈 곳을 몰라 헤매며 더욱 움츠러들게 된다.

지금 당신이 갈 곳을 몰라 헤매고 있다면, 겉으로 보기엔 제법 충족한 삶을 사는 것처럼 보일지라도 마음 어딘가가 텅 비어 있고 온기를 잃고 춥다면, 그것은 빛을 잃은 것이며 하나님을 떠나있다는 증거인지도 모르겠다.

어둠 속에서는 아무리 나에게 익숙한 길일지라도 조금만 방향이 빗나가면 영영 다른 길로 들어설 수 있다.

아무리 내가 원래 다니던 길이라 익숙하고 그 길에 대해 아무리 많이 알고 있어도 어둠 속에서는 말짱 헛것, 소용이 없다.

빛 한 오라기 없는 어둠은 말할 것도 없고, 어슴푸레 한 줄기 아주 희미한 빛이 있어 눈이 어느 정도 어둠에 적응하더라도 그 빛은 큰 도움이 되지 않을 확률이 높다. 온전하지 않은 어슴푸레 희미한 빛은 보이는 것을 왜곡시키기 때문이다.

온전히 환한 빛 안에서와는 전혀 다른 것이 보일 수 있다.

그래서 반은 은혜 안에, 반은 죄에 거할 수가 없는 것이다.

하나님은 우리로 하여금 온전한 은혜 안에 거하게 하시려고 예수가 되어 우리 곁에 머무셨고, 목숨을 바쳐 우리가 언제라도 그 빛 가운데 있을 자격을 획득해 주신 후 부활하고, 하늘로 가셨고, 다시 빛이신 뜨거운 성령으로 오셔서 오늘 우리 안에 늘 함께하시며 온기를 더하신다.

랜턴 안에 환한 빛을 밝히는 전구가 있다.

안에 있는 빛이 어두움을 밝힌다.

우리 안에 빛이 있기에 어두움을 밝히는 존재인 것은 당연한 일이다.

빛, 어두움을 드러나게 하고, 올바른 길을 가게 하고, 희망이 되고, 따뜻하다.

어둠 속에서는 이것인지 저것인지 분간이 잘 안 되어 의도치 않더라도 실수를 하게 된다. 사소한 실수가 아닌, 자칫 무성해 보이는 풀숲 너머 절벽으로 길을 든다면, 그것은 돌이킬 수 없는 재앙이 된다.

빛이신 하나님을 잃어버린 인간도 마찬가지이다. 죄 안에 머물다 보면 판단력이 흐려지고, 두려워지고 조급해진다. 얼마나 걸어야 하는지도 모르는 깜깜한 길 위를 무작정 걸을 때처럼 말이다.

내가 지금 판단력이 흐려져 있어 자꾸 실수하고, 그 실수가 죄의 결과로 이어지고, 두렵고 불안하고 조급하다면 그것이 또한 하나님을 잃은 증거가 아닐까.

그때는 다시 얼른 돌이켜 빛으로 뛰어들어야 한다. 하나님이 예수 그리스도의 대속을 통해 우리를 다시 초대하신 자리, 은혜로.

싱가포르 교회의 조셉 프린스 목사는 얘기한다.

"율법, 그리고 그 율법이 얘기하는 죄는 우리들의 한계를 알게 하는 것"이라고.

그 한계를 알고 인정하고 자리를 바꾸는 것, 가던 길을 돌이키는 것이 은혜의 자리로 들어가는 첫 관문, 회개인 이유이다.

머리로 '예수'라는 이름을 알고 있어도 그분이 삶의 주인이심을 시인하고,

고백하고, 온 존재의 힘을 다해 인정하지 않는다면, 아무리 세상적으로 제법 가진 것 많고 똑똑해 보여도, 나와 그 회사를 거쳐 간 사람들을 몹시도 고통스럽게 했던 그 회사의 대표처럼 복의 근원은커녕, 재앙의 근원이 될 수밖에 없을 것이다(그 사람도 겉으로는 신실한 그리스도인이었다).

그럼에도 불구하고 그 당시의 나는 그 대표가 그래도 똑똑하고 능력이 있으니 고생스러워도 이 회사에서, 이 자리를 아등바등 지키고 있으면, 언젠가는 나도 이 지긋지긋한 경제적인 고통에서 벗어날 기회가 오리라는 어리석고 잘못된 신념으로 버티다가 대가를 혹독히 치른 바 있다.

이제는 안다. 우리가 살길은 진실로 진실로 길이요 진리요 생명이신 예수 그리스도, 그 생명의 길밖에 없다는 것을.
다른 길은 모두 허상이다. 결국 백척간두 벼랑 끝으로 이어진 길이다. 시간문제일 뿐 그 허상의 길로 질주하다가 끝내 돌이키지 않은 인간들의 말로는 예외 없이 사망이다. 비단 육신의 죽음 만이 아니라, 그런 생명 없는 길에서 스스로를 그리고 다른 사람들의 영혼과 몸을 망치는 일을 하며 산다면, 그것이 곧 사망이다.

그러나 정말로 기적이며 은혜인 것은, 우리는 은혜로 구원받아 그 음침한 사망의 골짜기로 향하지 않게 된 것이다.

"주님의 법도로 내가 슬기로워지니, 거짓된 길은 어떤 길이든지 미워합니다. 주님의 말씀은 내 발의 등불이요, 내 길의 빛입니다. 주님의 의로운 규례들을 지키려고, 나는 맹세하고 또 다짐합니다." 아멘. (시편 119:104-106)

05

이 세상 최고의 실력자, 하나님

"하나님께는 불가능한 일이 없다." (누가복음 1:37)

신기한 일이 있었다. 지금 이 글을 쓰고 있는 날은 일요일인데 정확히 지난 수요일까지 무려 한 달 반 넘게 꼬박 이 말씀이 나를 쫓아다녔다고 해야 할까.

한 달 반쯤 전이니 8월 말쯤이었을 텐데, 매일 아침 성경 어플 알림 설정에 의해 매일 새로운 말씀이 핸드폰 첫 화면에 뜨게 되어 있다. 수년간 변함없었던 일이다.

그런데 그 무렵부터 다음날에도 그다음 날에도 똑같은 말씀이 계속 올라와 있었다.

바로 누가복음 1장 37절의 이 말씀이었다.

"하나님께는 불가능한 일이 없다."

처음 며칠은 앱 오류인가 싶어 그냥 넘어갔었다. 그러다가 아무래도 주님이 전하시는 메시지가 있는 듯하여 주변 지인들에게도 마음 주시는 이들 몇몇 분께 이 말씀을 전했다. 아무래도 하시고 싶은 얘기가 있으신 듯하니 같이 기도하자고. 누군가에게 꼭 필요한 말씀일 수 있겠다는 마음이 처음 며칠 들다가, 날이 더해지니 뒤늦게 아무래도 이건 무엇보다도 나에게도 꼭 하시는 말씀이겠다 싶었다. 아무리 어플을 지웠다 새로 설치를 해 보아도, 그냥 두어 보아도 절대 말씀이 바뀌지 않고, 아침마다 늘 새롭게 같은 말씀으로 나를 만나 주셨다.

사실은 진작에 했어야 할 일을 한동안 멈춰 두고 있던 차였다.

우연히 인연이 닿은 자수성가공부방(현재는 경제적자유연구소로 상호가 변경되었다) 이승주 소장님을 통해 내가 만난 하나님의 이야기를 책으로 써 보면 어떻겠냐는 제안을 받은 것이 지난 2022년 4월 말이다. 놀라운 제안이었다. 그리고 함께 고민하며 제목과 꼼꼼하게 목차까지 뽑아내는 수고를 기꺼이 함께해 주었다.

5월에 원고작업을 시작하고 얼마 안 있어 생각지도 못한 현재 직장을 들어오게 된 것도 놀라운 은혜 가운데 하나인데, '아무리 부족할지라도 나를 통해서도 세상에 전하고 싶으신 얘기가 있으신가 보다.' 하는 순종하는 마음을 통해 원고를 시작했다.

첫 장의 원고를 쓴 후, 새 직장에 적응하는 일과 유난스러운 늦더위를 핑계로 하나님과 나의 이야기를 쓰는 일을 계속 미뤄 두고 있었다.

시간이 지날수록 '내가 과연 이런 책을 써도 되는 걸까? 그럴만한 뭐 대단한 사람도 아니고, 주님 나라를 위해 무슨 대단한 일을 한 것도 아닌, 내가?'라는 의심이 자꾸 스멀스멀 커져갔다. 그럴 때 '그냥 없던 일로 하자고 이승주 소장님에게 얘기를 해야 하는 건 아닐까?' 하며 자꾸 작아지려 할 바로 그즈음부터 누가복음 1장 37절 말씀이 내 삶에 좌정하고 앉아 버리신 것이다!

도망갈 수가 없었다.

그래, 내가 시작한 일이 아니니 내가 아닌 주님이 하실 텐데, 뭘 걱정하냐, 오죽하면 하나님에게는 불가능한 일이 없다는 단언을 하시면서 매일 나를 쫓아다니실까, 참 죄송스러웠다. 아직도 주님이 아닌 나를 의지하고 있었단 말인가, 내가 한심스러웠다.

그러던 중 가까운 간사님 한 분의 어머님 일을 계기로, 왠지 더는 지체해서는 안 될 듯하여 아주 오랜만에 이승주 소장님에게 톡을 드렸다.

한동안 글쓰기를 멈추고 있었던 불순종을 고백하고, 이제라도 다시 시작하겠노라고.

그리고 10월까지 탈고를 하겠다고, 나도 모르게 기한 약속까지 해 버렸다(해 버리게 하신 것 같기도 하다. 우리 주님은 때론 코너로 몰아 꼭 해야 할 일을 해 내게도 하시는 것 같다).

10월의 첫 연휴 동안에도 스스로 엎치락뒤치락하다가 기도를 하고 드디어 다시 본격적으로 원고작업이 시작되었다. 그렇게 첫 장 일곱 꼭지 가운데 미완으로 남았던 한 꼭지를 이른 새벽 두 차례 연이어 작업을 하고 난 후, 아직 갈 방향을 보여주시지 않은 것 같은 부분을 건너뛰고 뒷부분의 원고를 막 쓰기 시작한 것이, 지난 수요일이었다.

왠지 주님 원하시는 일을 다시 시작한 것 같아 일단은 뿌듯했다.

그리고 다음 날.

놀랍게도, 한 달 반 넘게 요지부동이던 아침 말씀이 바뀌어 있었다.

새벽녘에 눈이 떠져 졸린 눈으로 새로 도착한 말씀을 확인하고는 잠이 번쩍 깨어 일어나 앉아 다시 확인하니 말씀이 바뀌어 있었다.

한 달 반 내내 내게 귀가 따갑게 해주신 말씀, "하나님에게는 불가능한 일이 없다."

그러므로 우리가 할 일은 그저 그분께 모든 것을 의탁하고 내가 할 일만을 하면 된다는 것을 이번 말씀과 원고작업 사건을 통해 증거할 수 있게 됨에 깊이 감사한다.

"그리스도의 말씀이 여러분 가운데 풍성히 살아있게 하십시오. 온갖 지혜로 서로 가르치고 권고하십시오. 감사한 마음으로 시와 찬미와 신령한 노래로 여러분의 하나님께 마음을 다하여 찬양하십시오." (골로새서 3:16)

맞다! 이 세상 최고의 권력자인 하나님께서 하시는 일에 무슨 불가능한 일이 있다고, 몸을 사리고 게으름을 피우겠는가!

불가능을 가능으로 이끄시는 주님 말씀을 좀 더 살펴본다.

"우리가 이런 일을 할 수 있는 자격이 우리에서 났다고 생각하지 않습니다. 우리의 자격은 하나님에게서 납니다." (고린도후서 3:5)

"하나님께서 우리에게 새 언약의 일꾼이 되는 자격을 주셨습니다. 이 새 언약은 문자로 된 것이 아니라, 영으로 된 것입니다. 문자는 사람을 죽이고, 영은 사람을

살립니다." (고린도후서 3:6)

내 능력으로 무언가를 해야 한다는 교만을 돌아보게 된 후 불가능함이 없으신 하나님이 일하시기 위해서 필요한 자세에 대해 한 번 더 들여다보게 되었는데, 누가복음의 이 말씀에 그 자세가 어떠해야 하는지 잘 드러난다.

"내가 진정으로 너희에게 말한다. 누구든지 어린이와 같이 하나님의 나라를 받아들이지 않는 사람은 거기에 들어가지 못할 것이다." (누가복음 18:17)

요한복음 8장 12절의 말씀은 예수님이 세상을 향해 처음하신 '선포'이다.
예수님의 처음 선포!
"나는 세상의 빛이다!"
정죄함이 아니라 빛이신 분의 은혜로 죄를 짓지 않을 능력을 얻어 승리하게 하시기 때문에 하나님, 예수님은 세상에서 제일 힘이 센 분이시다. 이 은혜 안에 있을 때만이 불가능이 없다.

빛(예수님)은 모든 것을 드러나게 한다.

예수님의 피로 죄 사함을 받았으니
우리는 이미 의롭게 된 자이다.
이미 죄에서 이기신 예수님이 계시기에
빛 앞에 은혜로 선 이들에겐 승리함이 있다.

이것이 하나님이 가장 힘이 세신 이유이다.

하나님은 인간의 한계를 보여주는 율법으로 우리에게 능력을 주신 것이 아니라, 빛 안에 거하게 함으로 능치 못할 일 없는 은혜 안에 살게 하신 것이다. "하나님에게 불가능은 없다."라는 말씀은 절대로 아무렇게나 멋대로 모든 것을 다 할 수 있게 하신다는 것이 아니다.

자신의 능력으로는 거의 아무것도 할 수 없는 어린 양, 어린아이처럼 가장 힘이 세신 창조주에게 의탁하여 그 빛 안에 머무는 은혜로 말미암을 때, 불가능은 가능이 된다.

06

기도하라. 혼자서는 안되지만
하나님께서는 하실 수 있다

오늘 주일 설교의 말씀은 누가복음 5장 1절에서 11절. 그 유명한 '깊은 데로 그물 던져' 이야기였다.

그런데 '믿음의 실재'를 강조하시는 목사님의 오늘 설교를 들으며 '아! 복음서의 이 장면이 그저 흔히 하는 해석대로 믿음으로 그물을 던졌더니, 주님의 큰 능력으로 기적을 이뤘다가 아니구나.'라는 생각이 들었다.

'깊은 데로 그물 던져……' 상식적으로 밤이면 고기들은 뭍 가까이 얕은 물로 모여드니, 아마도 이 장면에 등장하는 어부들은 하던 대로 얕은 곳에 그물을 치고 밤새 안 잡히는 물고기를 기다렸을 것이다.

어딘가로 가 버린 물고기를 탓하거나 투덜거리며 밤샘 노동이 헛수고였음에 대해 푸념을 들어 놓고 있었을지도 모를 시몬에게 다가오신 예수님.

난데없이 "깊은 데로 나아가 그물을 내리라." 하신다.

시몬은 '선생님'이라 칭하며 믿기지는 않지만(다른 분도 아니고 평소 내가 따르는) "선생님이 하시는 얘기니 한번 그리해 보겠다."라고 한다.

다음의 얘기는 모두가 아는 것처럼 그물이 찢어질 정도로 고기가 잡히자 다 끌어 올리지 못해, 다른 배의 동료들을 불러 모아 두 배 한가득 고기를 잡고 돌아오는 것이다.

그때 시몬은 비로소 선생님이 아닌 "주여!"라고 예수님을 부른다. 그리고 죄인임을 고백하며 주님보고 "떠나가시라." 한다.

이 이야기는 단지 불가능한 일을 가능하게 하시는 예수님의 능력을 믿음으로 의지하라는 것만을 전하고 있지 않은 듯하다.

어쩌면 세상의 방법 – 낮에는 깊은 데, 밤에는 얕은 데서 물고기를 잡는 것 – 과 세상의 상식 안에서가 아니라, 상식을 초월하여 우리에게 사람을 낚으라 요구하시는 주님의 놀라운 요구에 관한 이야기이기도 한 듯하다.

물고기는 밤에는 얕은 물로 모인다는 세상의 상식 속에서만 사는 사람들이 아닌, 빛도 없는 어두운 곳에서 빛이신 예수님 곁에 있지 못하는, 깊은 곳에 있는 사람들을 낚으라는 주님의 마음은 아닐까?

예수님이 시몬과 다른 이들에게 보여주시려고 한 것이 단순히 '내 말을 따르니 그물이 찢어지게 물고기를 잡을 수 있는 것을 보아라. 그러니 네 힘으로, 네 상식으로 행하지 말고, 내 말을 따라 행하라.'라는 메시지 하나에 그치지는 않을 것이란 생각이 자꾸 들었다.

왜냐하면, 오늘 누가복음의 이 말씀 구절을 찬찬히 살펴보니, 시몬과 그들은 어쩌면 '믿음'이 없었다고 보여지기 때문이었다.

우선 그들은 깊은 곳에 그물을 던질 때 주님을 믿는 믿음이 아닌, 지혜로운 '선생님'의 권유를 따랐을 뿐이다. 유명한 CCM 찬양의 가사대로 "믿음으로 깊은 곳에 그물 던져……. 능치 못한 일 하나 없네."라고 하는데, 오늘 보니 그들은 믿음으로 그물을 던진 게 아닌 것으로 보인다.

그러니 있는 힘껏 그물이 찢어지게 고기를 잡고 나서 "놀랐다."라고 두 번이나 기록이 되어 있는 것이다. 믿음으로 그물을 던졌으면, 믿음대로 된 일은 어찌 보면 당연한 일이고 감사한 일이기에 '감사했다.'라고 기록되어 있지 않을까?

시몬도, 세베대의 아들 야고보도, 요한도 그리고 다른 이들도 모두 놀랐다.

아마도 그들이 밤새 소득 없는 고기잡이에 지쳐있을 때, 난데없이 대장(대장이었을 것으로 추정되는)이었던 시몬이 다시 고기를 잡으러 나가자,

그것도 '이 밤에 깊은 데로 나가서 그물을 내리자고? 무슨 소리를 하느냐?'
고 비웃거나 투덜댔을지도 모른다.

이런 상태에서 예수님 말씀하신 대로 했더니 두 배 가득, 배가 무게를 못
이겨 잠길 정도로 고기를 잡고 놀랐던 것이었으니, 이들은 믿음 없이 던졌
다는 얘기다.

맥락상 '너무 감사하고 놀랐다.'는 의미가 아니라, 이들의 '놀랐다.'는 전
혀 안 믿었는데, 혹은 반신반의했는데 엄청난 물고기가 잡힌 것을 보고 기
가 막혀 놀랐을 가능성이 큰 듯하다.

그러니 꼬박꼬박 "선생님, 선생님" 하던 시몬(베드로)이 비로소 "주님!"이
라 부르며 발아래 무릎을 꿇고 스스로 죄인임을 고백한 것이 아닌가.

오늘 나의 모습, 우리의 모습이 저 시각 시몬이었던 베드로의 모습은 아
닐까. 겉으로는 믿는다고 말하고 행하기도 하지만, 실은 그 중심에 반신반
의 혹은 불신이 자리 잡은 채 역할놀이 같은 행동을 행함이라 하고 있지는
않은가.

그들은 믿음이 없어도 물고기를 잡을 수 있었다. 그물이 찢어지게. 예수
님은 그런 능력이 있으신 주님이시니까. 그러나 주님이 진짜 원하신 것은
그들이 비로소 진짜 믿음으로 행하는 새로운 여정을 시작하는 것이 아니었
을까?

예수님은 오늘의 이야기 끝에 얘기하신다 "두려워 말라."고, 그리고 "두려워하지 말고 이제부터 너 시몬은 사람을 낚을 것"이라 예언하신다.

그리고 그들은 잡은 물고기는 물론이고 그들에게 목숨만큼 중요했을 생업의 수단인 배까지 모두 버리고 예수님을 따라갔다고 성경에 나온다.

선생님이 아닌 주님을 비로소 보게 된 시몬, 자기의 믿음 없음을 인식하기 시작했기에 스스로를 죄인이라 칭했는지도 모르겠다.

그런데 왜 예수님은 하필 그런 시몬에게 "두려워 말라."라며 말문을 여셨을까? 어쩌면 그 순간에도 시몬은 아직 진짜 회개를 하지 못한 채 그저 예수님의 능력이 두려워서 벌벌 떨고 있던 것은 아닐까? 그저 이제 비로소 진짜 믿음의 여정을 떠날 준비가 겨우 시작되었을 뿐인지도 모르겠다.

그래서 그들은 그들이 믿음 없음으로 행하던 때의 모든 흔적인 '두 배 가득 밤새 잡은 고기들과 배까지 모두 버려야만 새로운 믿음으로 살 수 있겠구나.' 하고 각오를 했을지도 모른다.

전능하신 하나님은 우리가 오늘 완성형 버전이어서 사람 낚는 어부로 사용하시는 것은 아니라는 것을, 그 깊고 깊은 은혜를 오늘 누가복음의 이야기를 통해 가슴에 담아 본다.

아직은 두렵고 떨리지만, 주께 의지함으로써 비로소 우리는 복음을 전할 수 있는 그런 존재이다. 완전한 사람이어서 복음을 전할 수 있는 것이 아니라, 여전히 부족한 자이나, 내가 먼저 알게 된 주님을 모르는 한 밤 깊은 데 있는 이들에게 배를 타고 나아가 전해야 하는 것이 진짜 복음이 아닐까.

하나님은 전능하시니까, 일단 믿으면 된다. 할 수 있다고. 서로 사랑하라는 그 이야기를 어두운 세상에 나도 전할 수 있음을.

07

잃어버린 하나님의 자녀를 찾으라

예수님이 오신 후와 오실 때까지의 사이를 우리는 살고 있다.

잃어버린 하나님의 자녀들에게 예수님의 복음이 모두 전해질 때, 예수님은 다시 오신다.

그리스도인인 우리는 모두 알고 있고, 어쩌면 자주 말하기도 한다. 그중 많은 이들은 실제 실천하고 있기도 하지만, 더 많은 이들은 꼭 해야 하는, 마감일이 정해진 숙제처럼 여긴다. 내가 종종 그렇듯이 계속 미뤄 놓고 늘 마음 한편에 못내 불편한 것이 있을지도 모른다. 이는 바로 복음을 전하는 일이다.

내가 만난 예수, 그분께 받은 사랑이 무엇인지 전하는 것. 각자에게 찾아

오셔서 하루하루 그분을 알아가게 하시는 여정은 오늘도 업데이트 되고 있는 현재진행형이다. 내가 그렇듯 아마 많은 이들이 '왠지 내 삶이 그럴듯한 완성형이 되어야만 복음을 잘 전할 수 있는 것은 아닐까.' 하는 어떤 부담감의 무게에 눌려 사는 듯하다. 그리스도인이라면 누구나 해야 하는 일이라 알고 있는 복음 전하는 일을 게을리해서는 안 되겠다 하면서도 말이다.

십수 년 전 언젠가부터 '협동조합'이라는 것에 관심이 생기기 시작했다.

경영 컨설팅 회사에서 일하며, 국내 대기업과 공공기관 등의 조직문화를 새롭게 하는 프로젝트를 주로 진행하던 무렵이었고, 우리나라 기업의 조직문화와 해외의 사례를 비교하는 여러 자료를 찾다가, 협동조합에 관한 책과 자료들을 보게 된 것이다.

이윤을 최우선으로 하여 시장경제체제 속에서의 기업 조직문화에는 분명 부족한 것이 있었다. 무엇보다도 그 과정에서 기업 조직 내외의 수많은 사람이 소외되고 있는 문제가 그래 보였다.

결국 경제도, 기업도 인간 존재를 위해 있는 것인데, '나부터도 이러다 어느 날 쓰러져 못 일어나는 거 아닌가.'라는 생명과 안전의 위협 속에서 매일 야근에, 주말 근무까지 하며 고단한 삶을 살고 있었다. 그리고 클라이언트인 대기업 직원도, 큰 공공기관에 근무하는 이들도 별반 다른 삶을 살고 있지 않아 보였다.

지금은 이미 흔해지다 못해 퇴색해 버린 듯한 말이 있는데, 바로 워라밸, 즉 일과 개인적인 삶의 밸런스라는 것이다.

여전히 워라밸을 이상적으로 실현하는 것이 그리 녹록해 보이지 않는데, 십수 년 전이야 말해 무엇하랴. 퇴근 후, 주말에 오롯이 나 개인의 시간에 대한 보장 같은 것을 입 밖에 내는 순간, 그 조직에서 가장 쓸모없는 무능함을 표출하는 것 같은 분위기 속에서, 각자가 남의 행복을 위해 일하면서 정작 자신은 행복하지 못한 아이러니 속에서 매일의 삶을 이어가는 것은 참 답답한 현실이었다.

서로서로 오직 잠재적 혹은 드러난 경쟁자로 여기고 서로가 서로를 밀어내고, 쓰러트리고, 이기는 것이 능력 있는 사람으로 여겨지는 현실.
그러다 보게 된 협동조합의 사례는 대안이 되어 보였다.

오직 돈 많이 버는 게 목적이 아니라, 조합마다 대개는 선한 목적이 있고, 그 목적을 함께 이루기 위해 사람들이 모여 더불어 살아가고 일하는 공동체. 우리나라에도 오래전부터 있던 전통적인 두레 같은 것을, 우리나라 협동조합 모델의 원형으로 보기도 한다.
서로가 서로에게 버팀이 되라는 의미의 상형문자가 사람 '인(人)'이라 한다. 각 사람이 서로에게 기대어 서 있는 모습.

그런데 언젠가부터 사람들은 혼자만 더 강해져서 자기 혼자 우뚝 서는 것을 목적으로 하는 것이 점점 심해져 가는 것이 아직은 오시지 않은 예수님을 기다리는 우리들의 오늘인 듯하다.

그리고 그리스도인인 우리는 흔히 듣고 얘기한다. 우리는 세상과 구별된 사람들이라고. 우리는 세상의 기준으로 사는 사람들과 다르다고, 달라야 한다고.

그래서 구약의 이스라엘 백성처럼 택함 받아 구별된 우리가 세상의 그들을 우리 편으로 구별해 내야 한다고.

예수님이 갈릴리호숫가에서 고기 잡으며 먹고 살던 제자들을 불러 모아 함께 떠나신 이유가 과연 앞으로 만나게 될 모든 이들을 그들의 기존 생업에서 불러내어 다 같이 어딘가로 떠나자고 그리하신 것은 아니다. 세상 사람들 속으로 들어가, 두루 다니면서 아버지 하나님이 어떤 분인지를 소개하고, 왜 그분을 알아야 하고, 그분이 이끄는 삶을 세상 속에서 어떻게 살아야 하는지를 전하셨을 것이다.

그런데 오늘날 소위 기성교회, 전통 교회의 모습들은 어떤가. 여전히 우리는 세상과 달라, 우리는 하나님께 특별히 택함 받은 사람들이라는 위치에서 주일마다 혹은 한 주에 가능한 한 자주 모여 자기들끼리 우리는 복음 가진 자, 복음을 전할 자라는 탁상공론에만 여전히 멈추어 있는 모습이 요즘 교회라고 불리는 조직의 현주소는 아닐까.

하나님은 우리를 잃지 않으셨다. 그분은 태초부터 영원토록 늘 우리와 함께하신다.

인간이 하나님을 모른다. 인간이 하나님을 떠남으로 에덴을 잃었고, 말라기 이후 수백 년을 하나님으로부터 스스로 유배시킨 채 살았던 존재가 우리였지, 하나님은 늘 우리와 함께하신다.

인간으로 다시 우리 삶 속으로 들어와 함께 숨 쉬고, 먹고 마시고, 울고 웃으며, 더불어 살아가신 예수님도 얘기하셨다.

"내가 세상 끝날까지 항상 너희와 함께 있겠다."고. (마태복음 28:20)

하나님을 잃은 인간은 정착하지 못하고 늘 유리하며 떠도는 인생이며, 늘 굶주리고 목마르다.

아모스 8장에서 그러한 인간의 엄혹한 현실에 대해 하나님이 친히 말씀하시고 있다.

"주 여호와께서 말씀하신다. 내가 기근을 땅에 보낼 날이 올 것이다. 양식이 없어 굶주리거나 물이 없어 갈증을 느끼는 기근이 아니라 여호와의 말씀을 듣지 못해 굶주리고 목말라하는 기근이다. 사람들이 이 바다에서 저 바다로, 북에서 동으로 사방 비틀거리며 여호와의 말씀을 찾아다녀도 얻지 못할 것이다. 그날에는 아름다운 처녀와 건장한 청년이 다 목말라 기절할 것이며 사마리아의 우상으로 맹세하거나 단의 신이나 브엘세바의 신으로 맹세하는 자들은 쓰러져서 다시 일어나지 못할 것이다."

(아모스 8:11-14)

하나님을 거부하고 잊어버리고 끝내 잃은 자들은 누구나 그분의 부재라는, 상상 못 할 고통의 기근에 시달린다. 그런 자들이 하나님을 잃어버린 자들이다.

내가 그랬다.

교회 안에 머물며 하나님을 믿는다고 하면서도 늘 왠지 목말라 갈급했던 이유는 하나님을 잘 알지 못한 채 하나님의 말씀이 아닌, 세상의 달콤한 얘기에 이끌려 우상에 맹세하는 것인지도 모르는 무지한 시간을 보내다가, 끝내는 '아멘!'이라는 그 짧은 기도조차 할 수 없는 지극한 고통 속에 머물던 때가 있었다.

하나님을 잃은 영혼이 실제 그 육신까지 얼마나 춥고, 갈급하고, 고단하고, 고통스러운지 뼈저리게 경험을 해 보았기에 다시는 나의 하나님, 그분을 잃은 상태에서는 살 수가 없다. 상상조차도 하기 싫다.

그저 주기적으로 한 공간, 같은 시간대에 모여 앉아서 예배드리고, 찬송을 부르고, 하나님과 예수님을 주제로 모임을 한다고 해도 그런 모든 것이 주님의 공동체, 진짜 교회는 아닐지도 모른다. 그 속에 앉아 있으면서도 춥고 갈급한 누군가가 있다면, 그 사람이 하나님을 잃은 사람이다. 그 사람이 하나님이 애타게 다시 품에 안고 싶어 하는 영혼이다.

그렇게 우선, 먼저 그리스도인들이 "내가 너희를 사랑한 것처럼, 너희도 서로 사랑하라."라는 예수님의 간곡한 청대로 살아내 보는 것이 우리가 오늘 다시 회복해야 할 공동체인지도 모르겠다.

꼭 한날한시에 한 장소에 모여 큰 소리로 뛰고 외치며 찬양을 부르고, 통성과 방언으로 울부짖으며 기도를 하고, 무슨 무슨 프로그램, 집회, 행사 등으로 촘촘히 짜여 옴짝달싹 못 할 만큼 시간에 묶여 왠지 자유롭지 못하다고 여기게 만드는 그런 곳이 진짜 교회는 아닌 것 같다.

우선 그리스도인들이 다시 하나님을 만나야 한다. 알아야 한다. 누군가를 통해서가 아니라 직접 하나님 그분의 사랑스러운 음성을 들어야 한다. 그래서 그 주체못할 기쁨을 살아가는 모습이 빛처럼 보여야 한다.

그래야 세상이 우리를 보고 다시 먼저 "아, 저들은 참 그리스도인, 예수를 따르는 이들이구나! 아, 나도 저들과 함께하고 싶은데……."라는 이야기를 다시 세상으로부터 들을 때, 그것이 예수님이 바라시던 잃은 영혼을 찾아오는 일의 시작이 아닐까.

다시 마태복음 마지막 장, 마지막 절로 가 본다.
이 구절에서 예수님이 세상 끝날까지 우리와 함께하신다고 한 이유가 등장한다.

"내가 너희에게 명령한 모든 것을 가르쳐 지키게 하라. 내가 세상 끝날까지 항상 너희와 함께 있겠다."

분주한 마르다의 자리에서 돌이켜 마리아가 되어 가만히 예수님 발치에 기대앉아 그분과 눈을 맞추며, 먼저 그분의 음성에 귀를 기울이는 고요한 시간 속으로 다시 들어가 보자. 내가 잃어버린 하나님이 그곳에 계실 것이다.

4장

예수님
오실 길을
준비하라

01

하나님 섭리의 증거, 이스라엘

2022년 꽤 인기를 누린 드라마 하나 가운데 웹툰을 소재로 그 업계에서 일어나는 일을 다룬 것이 있었다.

드라마, 영화 등의 원 콘텐츠로서 수많은 부가가치를 만들어 내는 것이 요즘 세상의 웹툰인 만큼, 대개의 사람은 잘 알 수 없는 그 업계의 이야기를 다룬 것이어서 나도 흥미롭게 보았다. 극 중 한 웹툰 PD가 창작으로 고통스러워하는 웹툰 작가에게 건넨 대사 한 줄이 기억에 남는다.

"0에서 1을 만들 수 있는 것은 작가님뿐이에요. 우리는 그다음 일을 할 수 있을 뿐이에요." (드라마 '오늘의 웹툰' 중에서)

듣는 순간, 와! 정말 그렇군, 멋지다 할 만큼 인상적인 대사였다.

그 무렵부터였을까. 갑자기 이 원고를 쓰는 일이 너무나 부담스러워져서 아무것도 할 수가 없었다. '0에서 1, 즉 무에서 유를 창조해야 한다니.'라는 생각에 사로잡히니 '우선 잘해야 하는데 못하면 어떡하나.'라는 걱정이 날로 커지기 시작했었다.

세상은 얘기한다. 당신은 0에서 1을 만들 수 있는 존재라고.
그러나 오늘 새벽 나를 깨우신 하나님은 단호한 음성으로 일깨워 주셨다.
'0에서 1을 만들 수 있는 것, 유에서 무를 창조하는 것, 태초부터의 유일한 계획을 갖고 너를 만든 것은 네가 아닌 나라는 것'을.

나는 0에서 1을 만드는 존재가 아니라, 하나님께서 0, 무한으로부터 이 유한의 세계를 향해 만들어 내신 1이라는 존재라는 것을 깨닫게 되었다. 1을 채워 주셨으니, 그리고 그 1안에 모든 것을 채워 주셨으니, 하나님이 우리 한 사람 한 사람에게 품으신 고유한 계획에 따라 그 1안에 채워진 것들을 풀어내는 것이 우리의 삶이다.

인간 각자에게 누구와도 대체할 수 없는 하나님의 계획이 있듯, 우선 열방의 나라들에서도 그러하다는 것을 깨닫게 해 주시는 나라가 있다.

바로 이스라엘이다.

오늘날 사용하는 그레고리력도 아니고 정통 유대인들이 따르는 유대력도 아닌, 하나님의 절기라 부르는 성경의 해가 있다. 그것은 성경력인데, 이스라엘 기후 기준으로 봄에 그 해의 첫 달 '니산월'이 시작된다. 이스라엘이 출애굽하며 비로소 자유와 구원을 얻은 때, 즉 자유인으로서 새로운 인생을 시작한 것을 상징한다고 한다.

하나님을 믿고 따르는 그리스도인들 한 사람 한 사람에게도 이 '니산월'이 있을 것이다. 하나님을 알지 못한 채 온통 세상의 기준으로 가득 차 있으며, 그 세상의 기준 아래서 노예처럼 살아가던 이스라엘 민족이 하나님의 인도하심으로 노예살이하던 이집트에서 나왔듯이, 내 삶의 이집트에서 떠나온 날을 기억할 것이다.

성경의 구약은 그 유장(悠長)한 시간 동안 이스라엘 민족이 이집트에서 어떻게 살게 되었으며, 그러다가 어떻게 이집트를 떠나 하나님과의 관계 속에서 살아가게 되는지를 보여주고 있다. 그 긴 세월 동안 펼쳐진 이야기는 오래전 고대 중동의 한 작은 민족의 이야기에서 그치지 않고, 예수님을 통해 오늘 우리 한 사람 한 사람의 이야기를 대변해 주는 오래된 미래이다.

"예루살렘을 위하여 평안을 구하라. 예루살렘을 사랑하는 자는 형통하리로다."

많은 그리스도인이 사랑하는 성경 구절 중 하나인 시편 122편 6절 말씀이다.

예루살렘은 그리스도교뿐만 아니라, 유대교와 이슬람교에서도 절대적으로 사랑받는 곳이다.

하나님에 대한 최초 믿음의 고백으로 여겨지는 사건, 아브라함이 아들 이삭을 제물로 바치기 위해 오른 모리아 산이 있는 곳이 예루살렘이다.

예루살렘에 대한 여러 가지 신앙·신학적 의미가 깊겠지만 우선은 하나님에 대한 최초의 신앙고백, 그 첫 마음이 서린 곳의 의미로 예루살렘을 보자면, '예루살렘의 평안을 위해 기도하고 사랑하는 자들은 형통하리라는 축복'은, 하나님에 대한 우리의 순수한 믿음을 잊지 않는 이들에 대한 하나님 축복의 언약을 대변하고 있는지도 모르겠다.

모리아 산이 있는 예루살렘에서 하나님에 대한 믿음을 고백하고 하나님과의 언약 백성이 되었기에 아브라함은 믿음의 조상이 되었으며, 그로부터 펼쳐진 이스라엘의 역사는 곧 아브라함 믿음의 후손인 우리의 이야기일 수밖에 없다.

성경 곳곳에는 이러한 이스라엘에 대한 하나님의 약속이 등장한다.

먼저 하나님께서 친히 얘기하시는 장면이 아모스 3장 1절~3절에 펼쳐진다.

"이스라엘 백성들아, 여호와께서 너희에게 하시는 말씀을 들어라. 그가 이집트에서 인도해 낸 너희 모든 백성에게 이렇게 말씀하신다. 나는 땅의 모든 민족 중에서 너희만을 택하였다. 그러므로 내가 너희 모든 죄에 대하여 너희를 벌할 것이다. 두 사람이 약속하지 않고 어떻게 함께 걸어갈 수 있겠느냐?"

이스라엘이라는 매우 독특한 민족 그리고 영적인 이스라엘인 우리 그리스도인들에 대한 하나님의 계획이 집약되어 있음을 볼 수 있다. 하나님이 이 세상 수많은 사람 중에서 친히 택하신 자들, 그러나 그 책임도 감당해야 하는 자들이라는 것을 깨달아야 한다. 왜냐하면 하나님은 우리와 동행하기를 원하시기 때문이다.

아모스 9장으로 이어진다.

"나 주 여호와가 범죄한 이스라엘을 주시하였다가 지상에서 없애 버릴 것이다. 그러나 내가 야곱의 후손들을 완전히 멸망시키지는 않을 것이다. 내가 명령하여 모든 민족 가운데서 이스라엘 백성을 체질하듯이 흔들게 할 것이나 한 알갱이도 땅에 떨

어지지 않을 것이다." (아모스 9:8-9)

"내가 내 백성 이스라엘을 원상태로 회복시키겠다. 그들은 폐허가 된 성을 재건하고 거기에 살 것이며 포도원을 가꾸고 그 포도주를 마시며 과수원을 만들고 그 과일을 먹을 것이다. 내가 그들을 내가 준 땅에 심겠다. 그들이 다시는 그 땅에서 뽑히지 않을 것이다. 이것은 너희 하나님 여호와의 말씀이다." (아모스 9:14-15)

하나님 백성의 모형으로 가장 먼저 선택하신 이스라엘 민족. 그저 오늘날 중동 한 지역에서 팔레스타인과의 영토 분쟁에서 자유롭지 못한 한 나라인 이스라엘의 이야기가 아니다.

수많은 신학자와 신앙의 선배들은 증언한다.

"이스라엘이 다른 나라보다 더 뛰어나거나 특별하다는 의미가 아니라, 여전히 애굽에 있고, 하나님과 단절되어 살아가는 죄 가운데 있는 세상 모든 이들의 구원을 위한 하나님 나라가 든든히 서고, 확장하기를 원하시는 하나님의 계획 속에서 이스라엘에 대한 독특한 목적과 위치가 있다."고 말이다.

그래서 성경과 세계의 역사를 통해 이루어져 왔고, 오늘날도 진행되고 성취되어 가는 이스라엘 민족의 이야기를 알고 이해한다는 것은 곧 하나님의 백성이라 자청하는 이들이 반드시 주목해야 하는 일이다.

구약시대 모리아 산의 예루살렘은 신약에 와서 예수님을 통해 죽기까지 우리를 사랑하신 하나님의 지극한 사랑이 이루어진 골고다 언덕이 되어 우리에게 말을 건다. 그리고 서로 사랑하라는 예수님의 간절한 당부대로 함께 모인 공동체, 교회가 시작된 곳도 바로 예루살렘이다. 그 예루살렘을 품은 이스라엘이다.

성령의 법칙인 하나님의 질서 가운데 우선 이루어져야 하는 일들을 통해, 그다음 일들이 이루어지는 것이 하나님의 유일한 계획이다.

02

예수, 그 이름으로 충분하다

성경에서 가장 유명한 장면 중 하나를 꼽을 때 등장하는 이야기가 있다. 풍랑을 잠잠하게 하신 예수님의 이야기이다.

이미 예수님의 기적을 충분히 보고 경험한 제자들은 예수님과 배를 타고 호수를 건너고 있었다.

30대 초반의 건장한 나이의 청년이셨지만, 수많은 사역으로 예수님은 몹시 고단하셨는지 배의 고물(배의 뒷부분, 배꼬리)에서 주무시고 계셨다.

노를 저어 나가던 배는 거친 파도와 바람을 만나 물에 잠기고 뒤집혔고, 제자들은 죽게 되었다고 소리치며 예수님을 깨웠다. 우리가 죽게 되었는데도 모른 척하고 잠만 주무시냐고 원망하며.

잠에서 깨신 예수님은 오직 말씀으로 바람과 파도를 꾸짖어 잠잠케 하셨다.

그리고 놀란 가슴을 부여잡고 있었을 제자들을 향해서는 위로가 아닌 혼을 내셨다.

"왜들 무서워하느냐? 아직도 믿음이 없느냐?" (마가복음 4:40)

하나님의 완전함을 모형으로 만들어진 인간은 아담과 하와의 타락과 땅의 저주를 받고 에덴에서 떠나게 된 이후 하나님과의 관계가 끊어짐으로 인해 영이 죽었고, 그로 인해 완전한 존재임에도 불구하고 땅을 밟을 때마다 그 저주에 의해 죄 속에서 두려워하고 불안해하는 한계 속에 갇힌 존재가 되었다.

하나님과 영원한 생을 살던 존재가 죽음이라는 한계 안에서 겨우 길어야 백여 년을 사는 존재가 되어 버렸다.

하나님을 잃은 존재로서 죽음이라는 궁극의 한계에 이르게 하는 크고 작은 수많은 한계가 율법이라는 이름으로 우리에게 들어왔고, 그로 인해 영원히 사는 자유를 상실했다.

우리와의 끊어진 관계를 돌이키시고자 육신을 갖고 친히 우리 삶 속으로 들어오신 하나님, 바로 예수 그리스도.

먼저 예수님은 제자들과 보고 듣고 경험하는 삶을 더불어 살며 다시 온전한 존재로 사는 방법을 가르치시고 있었다. 그때 아직은 주님을 알아가고 배워가는 과정 중의 제자들은 어쩌면 불과 채 몇 시간 전에 예수님이 베푸신 놀라운 기적을 바로 옆에서 지켜 보고도 목숨을 위협받는 상황에 맞닥뜨리자, 금세 그 기적을 잊어버렸다. 그 기적을 일으키신 분이 바로 곁에 계심도 잊어버리고 놀라 울부짖으며 기적을 구하는 지경에 이르렀다.

여전히 예수님을 믿지 못해 무서워하며 예수님을 원망하던 제자들.

우리가 만나는 삶의 크고 작은 문제들은 때론 가슴이 갑갑한 정도에서 끝나는 것이 아니라, 당장 배가 뒤집혀 죽을 위기에 처할 만큼의 급박한 상황으로 우리를 덮치기도 한다.

우리는 2천여 년 전 제자들처럼 직접 예수님과 살을 맞대고 살고 있지는 못하지만, 우리의 모든 죄를 대속하시고 죽은 후 부활하신 덕분에 주님과의 관계가 다시 아버지와 자녀로 회복되었다.

오늘 설교에서 목사님이 재미있는 표현을 하셨다.

하나님이 그저 옆집 아저씨여서는 안된다고 하셨다. "이웃집 아저씨는 어쩌다 우리가 필요할 때 부탁을 하면 그 부탁을 들어줄 수도 있고 아닐 수도 있는 존재이지만, 하나님은 우리의 아버지이시니 조건 없이 우리를 사랑하셔서 언제나 모든 것을 주실 수 있는 준비된 분이심을 잊지 말라."는 당부이셨다.

시커먼 파도가 당장 배와 나를 집어삼킬 것 같은 위기의 상황에서 예수님이 바로 곁에 계시기만 해도 놀라운데, 그분이 내 안에 계신다는 것은 얼마나 놀라운 은혜인가.

아무것도 두려워질 이유가 없다. 그냥 막연한 안위가 아니라, 철저한 근거가 있는 믿음이기에 우리는 안심해도 된다. 바로 우리를 자유롭게 하는 진리가 가득 담긴 성경의 말씀에 근거하고 있기에 안심해도 된다.

2004년 개신교계는 물론 교육계 그리고 사회 전반에 파장을 불러일으켰던 사건이 있었다.

당시 대광고등학교 3학년에 재학 중이던 강의석 군의 이야기이다.

미션스쿨에서 강제적으로 예배에 참여해야 하는 것에 반기를 들어 예배 참여의 자유를 보장하라는 강의석 군의 요구는 수십 일의 목숨을 건 단식으로 이어졌다. 이 과정에서 학교 담당 교목이었던 류상태 선생이 여러 사람과 함께 투쟁하다 끝내 목사직과 학교 교사직에서 사임하게 되었다. 그리고 학교의 부당함에 끝까지 항거하다 제적을 당한 강의석 군은 법원에 고소하여 법정 투쟁을 한 결과 승소를 했다.

불과 열여덟 소년이 요구한 것은 '옳은 것은 옳다고, 그른 것은 그르다.'고 할 수 있는 자유였다.

시간이 흘러 서울대학교에 입학했다 중퇴한 강의석 군은 영화감독으로 데뷔했고, 단편영화와 장편영화를 찍는 일을 하고 있다는 2015년의 기사를 보았다.

예수님을 따른다고 하는 교계 안에서도 헌법에 보장된 종교의 자유 앞에서 목숨을 걸고 어린 소년이 단식을 하는 일이 벌어지는 것이 이 세상이다.

예수님을 알지 못하고 인정하지도 않는 세상 한복판은 말할 필요도 없이 거친 풍랑의 바다 한복판과도 같을지도 모른다.

우리는 그 옛날의 제자들과 달리 성령이 오심으로 인해 아예 예수님이 우리 안에 살고 계신다. 그런데 나도 종종 그 '사실'을 잊고, 위기의 상황에서 좌불안석할 때가 여전히 있다. 하지만 그래도 예전보다는 한결 속히 평정을 되찾게 되는 듯하다.

예수님을 날마다 더 알아가고 싶은 갈망과 내가 알게 된 예수님처럼 실제 오늘의 작은 한순간을 살아내는 일이 한가지씩 쌓여갈수록 예수님을 더 닮아 가는 것 같다.

하나님은 참 재미있으시다.

성경의 그 오랜 역사 속에서 하나님은 한결같이 우리와 더불어 살며 무언가를 같이 하고 싶어 하셨던 분이고, 다시 우리와 영원히 더불어 살기 위해 이 땅에 오셨었고, 부활하심으로 우리에게 새로운 영생의 영을 회복시켜 주시고, 성령으로 오늘 이 순간 함께 숨 쉬며 살고 계신다.

단 한 순간도 우리와 떨어지고 싶어 하지 않으시는 그 지극한 사랑 많으신 존재가, 세상을 창조하시고, 모든 것을 주관하시고, 모든 것을 가능하게 하시는 창조주라는 것이 얼마나 놀랍고 든든한 일인지 새삼 감사하게 된다. 다만 그분과 더불어 살아가기 위해 우리에겐 결단이 필요하다.

폭풍이 몰아치는 환경 속에서 여전히 울고불고 흔들리며 그저 때마다 간청만 하는 존재로 살 것인지, 아니면 성령과 성경 말씀으로 우리 안에 거하시는 예수, 그 이름으로 인해 우리가 얼마나 능력 있는 존재인지를 알고 단호하고 담담히 환경을 향해 잠잠하라 명할 수 있는 존재로 살 것인지…….

예수님은 단호히 꾸짖으신다. "너희가 아직도 나를 믿지 못하느냐?"고. 그런데 꾸짖기 전에 예수님은 분명 먼저 그 위험한 풍랑을 잠재우시고 제자들을 안전하게 하셨다. 제자들은 그들을 걱정하지도 사랑하지도 않는 어떤 존재에게 매달려 살려달라 구걸할 필요가 없었다. 언제나 변함없이 우리를 먼저 사랑하신, 그 사랑을 믿으면 된다.

그리고 그 사랑의 이름은 바로 예수 그리스도이다.

"우리가 사랑하는 것은 하나님이 우리를 먼저 사랑하셨기 때문입니다."

(요한일서 4:19)

영원히 사는 방법

거룩해 보이는 사람들이 있다. 자신의 삶도 성실하게 차근차근 이루어 낸 것들도 많고, 공익적인 일도 많이 하고, 봉사활동도 많이 한다. 그런데 이상하게도 간혹 그런 이들과 소통할 때면 무언가 주고받는 것이 아니라 내가 전한 얘기가 공허한 메아리로 되돌아오는 것 같이 느껴질 때가 있다.

예배도 빠지지 않고 열심이고, 성경도 많이 읽고, 수년째 성경 필사도 하고 있고, 성경을 연구하는 모임도 꾸준히 하고 있는데, 간혹 그 풍성한 것들을 나누겠냐고 요청을 하면, 딱 잘라 거절도 아니고, "함께 합시다."라고 수락을 하는 것도 아니다.

그러면서도 계속 자기가 무엇을 얼마나 계속해 내고 있는지를 되풀이하여 일방적으로 전해 온다.

마치 생명이 없는 AI 로봇과 얘기하고 있는 것 같은 느낌을 받기도 한다.

생명이 느껴지지 않는다.

풍성한 생명으로 가득한 자연을 보면 자연은 주변의 수많은 것들과 더불어서 공생하며 살며, 때로는 투쟁하며 관계를 맺고 나고 살고 스러져간다.

그러면서 계절이 지나고, 해를 거듭하며 배가되고, 풍성해지는 경우가 대부분이다.

생명의 특성은 나 홀로 나아가는 것이 아니라, 관계를 맺고 역동적으로 변화하는 것인지도 모른다.

관계는 곧 소통이 아닐까.

영원히 소통할 수 있는 것, 특히 창조주이신 하나님과 영원히 소통할 수 있는 것이 바로 영생 아닐까.

좋은 관계는 정직하다.

다시 에덴 시기의 아담과 하와로 거슬러 올라가 본다.

뱀의 간교한 꾐에 넘어가 유혹을 이기지 못하고 하나님이 단 하나 금지하신 선악과를 따 먹어 보기로 선택한 하와와 그 하와의 꾐에 넘어가 결국 같은 선택을 하고 만 아담.

하나님이 "아담아, 어디 있느냐?" 하고 부르셨을 때 우선은 숨었다가 불려 나와 핑계를 댄다.

하지 말라 금하신 것을 한 것을 시인하고 잘못했다고 아버지와 소통한 것이 아니라, 일방적으로 핑계를 댄다. 내가 처음부터 그러려고 한 것이 아니라 뱀 때문에, 하와 때문에 잘못된 일이 일어났다고 말이다. 하나님은 얼마나 답답하셨을까.

이 장면에서 용서해 주실 분이심을 믿고 "네, 잘못했어요. 아버지!"라고 정직했더라면 인류의 역사는 달라졌을 텐데.

나에게 혹은 다른 사람에게 딱히 잘못하는 것은 아니지만, 함께 이야기를 나누기보다는 자기의 생각을 기준으로 자신이 주도하는 일의 결과에만 몰두하는 사람들을 보면 답답하다.

소통이 안 되는 것이다.

그렇게 소통하지 않은 채 한 일들의 영향력의 범위를 살펴보면 대개는 참 제한적이다.

배가되지 못하는 경우가 많다.

어떤 지인과 몇 년을 그런 관계 속에서 인연을 이어가다가 하도 답답하여 직접 물어보았다.

해 온 일들이 나름 대단하고 좋은 일이긴 한데, 대개는 한참 시간이 지난 후에 그 결과만을 전해 온다. 간혹 요즘 무슨 일을 하고 있다고 얼핏 얘기하기도 하는데, 그러면 한 번 가서 나도 그 일을 봐도 되는지를 물어봐도 은근히 거절해 왔다.

나를 영 믿지 못해서 그런 것이라면 십수 년간 인연을 이어가지도 않았을 텐데, 도대체 이해가 가지 않아 물어본 것이다. 왜 그런 좋은 일에 단 한 번도 나와 함께하자는 얘기를 하지도 않고, 대부분은 그 결과만을 전했냐고. 때로는 과정도 알지 못하는 일의 결과만을 전해 들을 때면 솔직히 일방적으로 자랑만을 듣는 것 같아 기분이 상하기도 하였다고.

며칠이 지나 예상 못 한 답이 돌아왔다.
만약 자기가 하던 일의 결과가 별 볼이 없거나 안 좋으면 창피할 것 같고, 자존심도 상하기 때문이라고 했다. 어차피 결과도 좋지 않은 일은 알릴 필요도 없는 것 같아 그랬다고 했다.

그 지인을 아는 이들도 대개는 일방적인 소통에 지치거나 마음이 상해 관계가 오래가는 경우가 드물었는데, 나도 이 대답을 듣고는 기가 막혔다.
그 사람의 착한 성품도 알고 있고, 인연을 쌓아온 시간도 적지 않기 때문에 그 사람이 한 일의 결과가 어떠냐에 따라 그 사람을 평가할 이유도 없는데 왜 그런 생각을 했을까 마음이 무거웠다.

그러다 문득 성경의 한 장면이 떠올랐다.

부자 청년과 세리였던 삭개오의 이야기였다.

유대인 지도자였고 부자였던 청년은 가시던 예수님께 먼저 달려가 묻는다. 어떤 선한 일을 해야 영원한 생명을 얻겠느냐고.

예수님은 각종 계명을 열거하시고, 그 청년은 어려서부터 그 계명들을 빠짐없이 지켰노라고 답하였다. 예수님은 그러면 이제 가진 재산 전부를 팔아 가난한 이들에게 나누어 주고 나를 따라나서라고 하신다. 그러나 가진 많은 재산을 놓고 고민하던 청년은 예수님을 떠나가 버린다. (누가복음 18:18-23)

누가복음에서는 바로 다음 장에 삭개오가 등장한다.

나무 위에 올라가지 않으면 가시던 예수님을 볼 수 없을 만큼 작은 키에, 많은 사람에게 비난받는 세관원 삭개오.

가뜩이나 작은 키에, 예수님을 따르던 수많은 군중 때문에 제대로 예수님을 볼 수 없자, 한 번이라도 예수님을 보기만 해도 좋겠다는 마음에 나무를 탄다.

예수님은 그 갈망을 보셨다. 영원한 생명을 향한 그의 갈망을.

예수님은 사람들의 수군거림 속에서 삭개오를 부르셨고, 그의 집을 찾으셨다.

그렇게 예수님과 직접 대면한 삭개오는 누가 시키지 않아도 그 많은 재산의 절반을 가난한 이들에게 나누고, 빼앗은 것들에 대해서는 갑절로 갚겠다고 고백한다. 그와 그의 집은 구원을 얻었다. 영생을 얻었다. (누가복음 19:1-10)

워낙 유명한 성경의 두 이야기의 등장인물과 예수님을 통해 관계와 소통을 보게 된다.

부자 청년처럼 이미 답을 정해 놓고 자신이 원하는 답을 유도하는 것은 소통이 아니다. 그런 거짓 소통에서는 관계가 생겨나지 않는다. 예수님과의 관계 속으로 들어갈 때 비로소 우리는 거듭나고, 그분과의 소통을 약속하고 내내 그분과 눈 맞추고 이야기하며 살아가는 것이 바로 영원한 생명 아닐까. 그런 영원한 생명이 있는 곳이 천국일 것이다. 흔히들 천국은 영원히 찬양하는 곳이라고도 하는데, 나는 그것보다는 주님과 영원히 오순도순 수다를 떨 수 있는 곳이면 참 좋겠다.

삭개오는 예수님을 만나고 싶었고, 그분의 부름에 창피함이나 수군거리는 사람들의 시선도 아랑곳하지 않고 용감히 응했다. 그 부름에 응하자 예수님은 그를 정식으로 초청하심으로 그는 변했다. 예수님을 향한 변화, 그분과 닮은 삶을 살기로 결단하고 행하는 변화는 예수님과의 만남 속에서 소통을 시작하고, 예수님과 관계를 맺음으로 일어났다.

그 부자 청년은 그렇게 돌아가서, 아마도 죽을 때까지 자신만의 기준으로 율법이 요구하는 선한 일을 해내느라 영원한 생명의 확신을 갖지 못한 채 아등바등 살아갔을지도 모른다.

율법은 요구(Demand)하고, 은혜는 공급(Supply)한다고 한다.

나의 기준으로 나의 의를 이루기 위해 혼자 고군분투하며 스스로를, 주변 사람들을 외롭게 하는 것은 결국 수많은 율법의 요구에 허덕이는 재미없는 삶을 사는 일이다.

선선히 예수님의 부름에 답하고, 그분의 은혜 안에 거하면 시키지 않아도 선뜻 선한 일을 할 수 있는 능력과 힘이 생긴다. 삭개오처럼. 그렇게 변화한 삭개오의 삶은 그 후 얼마나 흥미진진하고 날마다 새롭고 보람되었을까를 상상해 본다.

나는 키가 작으니까, 나무 위에 올라가서라도 예수님을 만나보고 싶다는 삭개오의 행동은 이미 외모의 한계인 작은 키를 인정한 것과 다름없다. 그리고 나무 위에 올라간 후 그 결과에 대해 고민하지 않고 오직 예수님을 갈망한 그 눈빛이 멀리 떨어진 예수님을 사로잡았을지도 모르겠다.

내가 할 수 있는 것만 하고, 내가 잘할 수 있는 결과가 나왔을 때만 누군가와 소통한다면 거기서는 진정한 관계가 만들어지는 것이 쉽지 않다는 것을, 내가 아는 지인과의 십수 년의 시간을 통해 알게 되었다.

예수님은 내가 잘 나고 무언가 잘할 수 있어서 나를 택하고 나를 부르신 것이 아니라는 것을 이제는 인정하기 때문에, 오랜 시간 주춤거리다가 비로소 용기를 내어 나무 위에 오른 삭개오처럼 이 글을 쓰고 있음을 고백한다. 돌아서서 그냥 내 기준대로, 내 하던 대로 살아보겠다고 떠나버린 그 유대인 부자 청년의 뒷모습을 갖고 살아가기는 싫다.

우리, 예수님께 등 돌려 뒷모습을 보이지는 말자.

나약하면 나약한 대로, 못나면 못난 대로, 그분을 마주하자. 평생 그렇게 하는 것이 영생의 시작이다.

그러한 영생 가운데 우리에게 주신 능력이 꽃을 피우고 열매를 맺어 풍성하게 나누는 삶을 살게 될 것이다. 그 생생한 기쁨과 감사함 가운데 살아야지, 영원히 사는 데 지루하면 어떻게 할 것인가.

04

미래가 불안할수록 기도하라

한국은 1996년 12월에 29번째 회원국으로 가입한 경제협력개발기구 OECD 38개(2022년 기준) 나라 중 자살률 1위 국가이다.

가입국들은 서로 협력함으로써 각 나라의 경제 성장과 무역 확대를 통해 세계 경제 발전에 공헌하는 것을 주요 목적으로 하는 기구이다.

아주 단순하게 말하자면, 경제적으로 잘 먹고 잘살기 위해 모색하는 모임 이다.

한국은 1996년 OECD 가입을 하며 선진국이 되었다고 매우 기뻐했었다 (물론 OECD의 가입기준이 소위 선진국이라고 말하는 경제 규모에만 있지 는 않다. 정치 제도의 투명성, 정당성, 사회보장 제도의 유무, 법체계의 완성도, 경제 발전 잠재력 등 OECD에서 제시하는 기준이 까다롭기는 하지만, 이 기준을 갖춘 국가는 어떤 나라든 가입할 수 있기는 하다).

이번에는 한동안 폭발적인 외적 성장을 이루어 온 한국 그리스도교에 관한 한국갤럽이 조사한 통계 자료를 살펴보자.

한국갤럽은 1984년 처음으로 '한국인의 종교와 종교의식'이라는 보고서를 출간한 이후, 1989년과 1997년, 2004년, 2014년 5차 조사까지 30년간의 한국인의 종교 변화를 추적해 단행본으로 펴냈었다. 1980년대만 해도 특정 종교 단체나 기관의 종교 관련 조사만 간간이 있었을 뿐 전 국민을 대상으로 한 조사 연구는 없었기에, 사회에 큰 영향을 미쳐 온 종교에 관해 사회 공익 차원에서 자체 조사를 시작한 것이었고, 다음 조사인 6차 조사는 2024년쯤으로 예정되어 있다고 한다.

개신교와 천주교를 아우른 그리스도교의 종교 분포 비율을 살펴보면,

1984년 23%(개신교 17, 천주교 6)

1989년 26%(개신교 19, 천주교 7)

1997년 27%(개신교 20, 천주교 7)

2004년 28%(개신교 21, 천주교 7)

2014년 28%(개신교 21, 천주교 7)

2021년 23%(개신교 17, 천주교 6)

대부분의 삶을 그리스도교 인식의 범주 안에서 살아오다 보니 통계 결과가 나의 생각과는 다르게 그리스도교의 비율이 생각만큼 높지는 않다는 것을 확인했다. 새삼 얼마나 내 인식의 범주 안에서만 살아가고 있는지 돌아보게 되었다. 내 인식의 틀로 통계보다는 훨씬 많은 사람이 나와 같은 신앙의 범주 안에 있으리라는 착각 속에 살고 있지는 않았는지 반성도 하게 된다.

같은 통계에 따르면 한국인 중 종교가 없는 비율이 1984년부터 2021년 조사 기간 동안 2004년 한 번만 47%였고, 1984년 56%, 1989년 51%, 1997년 53%, 2014년 50%, 2021년 60%라는 결괏값을 보여 준다.

물론 시기별 제주를 제외한 전국 성인 1,500명~2,000명을 대상으로 한 결과이긴 하지만, 대략적인 흐름을 볼 수는 있을 것이다.

내가 이 통계에서 주목한 부분은 한국이 선진국이라고 자축하던 OECD 가입 시기인 1996년 이후 가파른 경제 성장을 이루던 최근 2021년도 통계까지, 국가 경제 성장과 그리스도교 성장이 맥을 같이 해왔다는 점이다.

경제도 발전하고 사랑의 종교라는 그리스도교 인구도 느는 동안 자살률도 급격히 늘어 어느덧 수년째 한국은 OECD 기준 자살률 1위 국가의 자리를 지키고 있다.

'서로 사랑하라.'라는 위대한 복음이 더 많은 이들에게 전파되었는데도 왜 자살률은 늘어 난 걸까. 궁금해졌다.

이 궁금증의 정도가 더해가는 동안 두 가지 자료를 만났다.

바로 《주일예배를 넘어서》(웨인 제이콥슨 지음, 김진호 옮김, 믿음의 말씀사, 2020)와 글을 쓸 무렵 불과 며칠 전에 올라온 유튜브 영상 '자식은 잘 키우려고 낳는 게 아니에요'(지나 영 존스 홉킨스 소아정신과 교수, 《세상에서 가장 손쉬운 본질 육아》의 저자, 세바시 강연 중) 등 두 가지이다.

한국인인 지나 영 교수는 일상적인 엄마와의 대화 중 큰 생각의 전환을 맞이했다고 한다.

수년간의 난임 치료와 시험관 아기 시술에도 불구하고 아이가 찾아오지 않는 속상함과 괴로움을 엄마와 전화 통화로 나누고 있을 때였다고 한다. 아이가 있으면 정말 '잘 키울 텐데.'라는 지나 영 교수에게 엄마는 "아이는 잘 키우려고 낳는 게 아니라 사랑을 하려고 낳는 거잖아."라는 얘기를 했다 한다. 부모가 아이를 조건 없이 사랑하고, 아이는 그런 부모를 사랑하는 것만으로도 아이는 할 일을 다 한 것이라는 엄마의 조언.

이것이 바로 육아의 본질이라고 지나 영 교수는 전하고 있었다.

《주일예배를 넘어서》 책의 한 부분을 살펴본다.

"서구 교회는 지식이 부족해서가 아니라, 그분을 잘 알지 못하고 그분으로 인해 변화하지 못하므로 시들고 있습니다. 우리는 사람들이 자유롭게 살도록 돕기보다는 그리스도를 따라야 할 '종교'로 가르칩니다. 종교는 공허하고 헛될 뿐입니다. - 중략 - 바울은 그리스도를 따르는 일이 공허하고 헛되지 않다는 사실을 교회가 알게 되길 바랐습니다."

책의 내용은 이어 바울의 서신, 골로새서 2장을 소개한다.

"그러므로 여러분은 그리스도 예수님을 주님으로 받아들였으니 계속 그분 안에서 사십시오. 그분 안에 깊이 뿌리를 박고 그분을 기초로 여러분의 인생을 건설하며 가르침을 받은 대로 믿음에 굳게 서서 감사가 넘치는 생활을 하십시오. 여러분은 실속 없고 기만적인 철학에 사로잡히지 않도록 주의하십시오. 이것은 전통적인 사람의 가르침이나 이 세상의 초보적인 원리에 근거한 것이지 그리스도에게 근거한 것이 아닙니다. - 중략 - 그리고 여러분도 그리스도 안에서 완전해졌습니다."

(골로새서 2:6-10)

경제가 발전할수록 사회에서도 어쩌면 기성교회 안에서도 '조건 있는' 거래 속에서, '사랑받을 존재'의 자리에서 밀려나 거래되는 부품이 되어가는 부담과 외로움의 무게를 견디지 못해 스스로 삶을 멈추려는 사람들이 늘어나는 것인지도 모르겠다.

완전하신 주님만이 우리를 완전하게 사랑하실 수 있다. 그리고 예수 그리스도의 부활로 비로소 완전해진 우리는 그 사랑을 받을 자격이 충분하다는, 세상 기준으로는 턱없이 무모한 희망만이 예수님께서 완전한 모습으로 다시 오실 때까지 나와 우리를 지탱시켜 줄 힘은 아닐까.

그 무모한 희망의 불씨가 마음속에 살아나게 해 달라고, 그 불씨가 커져 예수님 다시 오실 때까지 환하고 따뜻하게 타고 있기를 기도해야 한다. 그것이 다시금 지펴지는 국지전이 세계적 전쟁으로 번질까 불안하고, 그로 인한 경제적인 여파로 삶이 흔들거리고 언제 다시 전 세계를 휩쓰는 유행병에 노출되어 죽어가는 수많은 사람의 대열에 들지는 않을까, 놀랍게 발전하는 기술로 삶의 패러다임이 급변하는 시대 가운데 나의 자리는 안전한가 등 끊임없이 불안한 현실을 살아가는 세상 속에서 가장 든든한 버팀목이 되어 줄 것이다.

5장

그리스도인의
무장(武裝),
일어나서 걸으라

01

그리스도인에게 왜 건강(健康)인가?

전 세계적으로 대유행하는 감염병의 시대, 팬데믹 시대는 여전히 진행 중이다.

2020년 새해부터 전 세계를 휩쓴 코비드 19 바이러스로 인한 팬데믹은 우리나라를 비롯한 대부분 국가에서 앤데믹을 선언할 만큼 얼핏 볼 때는 일상으로 돌아간 듯 보이나, 다시 간간이 수십 명의 코로나 집단감염 소식이 들려오기도 하고, 보건의료 현장 일선에서는 아직도 노약자 등 건강 취약군에 대한 코로나 예방 접종 권고의 필요성을 계속 강조하고 있다.

수면 아래로 잦아들어 보일 뿐, 감염병 팬데믹 상황에서의 예방 접종에 관한 논란과 연구도 여전히 진행 중이다.

이제는 언제 다시 또 다른 종류의 바이러스에 의한 팬데믹 사태가 벌어진 다 해도 이상할 게 없는 세상이 되어 버렸다.

백신 예방접종을 할 것인가, 말 것인가를 막연한 두려움 또는 신념으로 결정할 일도 아니고, 다른 사람들 다 맞으니 무조건 맞고 보면 안전하다는 생각으로 방심하는 것에도 신중해야 한다.

그렇다면 가장 최선책은 무엇인가.

많은 전문가가 공통으로 얘기하는 것은, 우선은 '내 몸을 건강하게 하는 것'이다.

'사람들이 날 보고 예수 믿었으면 좋겠다.'

높은뜻숭의교회 담임목사로 일하셨고 암 투병 중에도 유튜브 방송 '날마다 기막힌 새벽'을 통해 예수님 복음을 전하는 김동호 목사님의 신간을 열어 보다가, 한 부분이 순간, 크게 확대되어 보였다.

"사람들이 날 보고 예수 믿었으면 좋겠다."

그리스도인들은 보통 "나를 통해 하나님이 영광 받으시기를, 나를 통해 하나님의 영광이 드러나기를 바랍니다."라고 얘기를 많이 하는데, "사람들이 날 보고 예수 믿었으면 좋겠다."라는 구어체는 나에게 충격적일 만큼 생생하게 다가왔다.

내 안에도 그 소망이 더욱 생생하게 차오르는 듯했다.
그리고 진리이신 예수님, 그 예수님 생명의 복음이 가득한 성경의 말씀들이 과연 내게는 얼마나 오늘 이 순간 생생한 '구어체'인가 점검하게 된다.

살아가며 간혹 만나는 사람들이 있다.
"혼자 공부할 땐 100점인데, 시험만 보면 폭망이야!"
"연습할 때는 너무 잘하는데, 나는 실전에 약해."
"나는 연애를 책으로만 배웠어. 그래서 아직 한 번도 연애를 해 본 적이 없네." 등등.

매일 성경을 읽고 매주 교회 주일예배에 꼬박꼬박 출석해도 삶은 늘 지지부진 변화가 없다면, 과연 그리스도인의 삶을 살고 있는 것일까?
그러한 삶이 그 사람 안에 진짜 하나님의 생명, 영생이 있는 삶, 영원히 변하지 않는 것을 지향하는 삶일까?

한동대학교 교수이며, 소설가 그리고 많은 사랑을 받아온 책 《탁월함에 이르는 노트의 비밀》 - 인류역사상 가장 뛰어난 천재들의 노트 - 의 저자인 이재영 교수님이 책을 통해 얘기한 이 부분이 특히 마음에 깊이 공감된다.

"자신의 몸과 마음을 여한 없이 쓸 때, 사람은 어떤 일을 하고 있건 일 자체에서 가치를 발견한다. - 중략 - 체력과 정신력이 조화를 이룰 때, 마침내 삶은 제 스스로 힘을 얻는다." (《탁월함에 이르는 비밀노트》, 이재영, 한티미디어, 2008)

이 책에는 인류역사상 가장 다재다능했던 멀티플레이어형 천재로 인정받는 레오나르도 다빈치의 건강법도 소개되어 있다.

"그가 인체를 연구한 것은 인체를 우주의 축소판으로 이해했기 때문이다. 그는 살을 흙으로 생각하고, 뼈를 산맥으로 생각했다. 그리고 혈액은 물로 생각하고, 맥박은 밀물과 썰물의 움직임으로 생각했다. 이와 같은 그의 은유적 이해는 끊임없이 인체를 연구하게 하는 원동력이었다. 그는 이러한 인체 해부와 스스로의 삶의 경험을 토대로 건강법도 만들어 노트에 기록했다."

예수님이 한창 청년이던 때인 30세에서 33세까지의 공생활, 만일 이 나이가 만 나이여서 우리나라로 치면 대략 35세쯤에 예수님 사역의 정점을 찍으신 셈인데, 예방의학 분야에서 날로 활발하게 연구되는 노화에 관한 연구 결과 중 인간의 생애 주기 가운데 대략 세 번 정도 결정적인 노화를 겪게 된다고 한다. 35세, 60세, 70세 무렵이라 한다.

인간 육신의 건강의 정점을 35세까지 잘 만들어 놓으면 이어지는 노화의 정도를 낮추고 속도도 늦출 수 있게 될 텐데, 그 나이가 예수님 공생애의 시기와 거의 일치한다는 것은 건강에 관한 생각과 고민을 매일 하며 살아가는 직업을 갖게 된 나에게는 매우 시사하는 바가 크다.

예수님은 35세 무렵 지상에서의 모든 일을 마치시고, 그 육신 그대로 부활하셨고, 하늘로 가셨고, 그리고 다시 오겠다 약속하셨다.

예수님께서 다시 오시면 우리가 입게 될 새 육신은 가장 건장한 35세의 육신은 아닐까, 잠깐 상상을 해 본다. 예수님은 아직 우리에게 육신으로 다시 오시지는 않았지만, 2천여 년 전과 마찬가지로 그분의 정신은 오늘날에도 하나도 늙지 않고 날로 새롭게 살아있다.

예수님 다시 오실 때까지 비록 우리의 육신은 노화라는 자연의 질서를 거스를 수는 없지만, 정신·심리적으로는 늘 푸르른 예수님과 같은 청년으로 살아갈 수 있다. 우리 안에는 하나님으로부터 온, 다시 회복된 영원한 생명이 있으니까 말이다.

그럼에도 불구하고 그리스도인이라면 늘 자신의 몸도 잘 돌보아 건강해야 할 의무 또한 있다고 생각한다. 물론 아프고, 병들고, 다쳤을 때 주님의 기적으로 회복되는 경우도 물론 있고, 그 또한 큰 은혜의 증거이다. 선천적으로나 나중에 몸이 안 좋아져 아프거나 불편한 상태로 일생을 살아가는 경우도 많다. 하지만 각자의 상황과 위치에서 돌보아야 할 건강이 있는 것도 사실이다. 세상 끝날까지 우리는 주님의 기쁜 소식을 세상 사람들에게 힘차고 기쁘게 전해야 할 사명이 있기 때문이다.

어떻게 전하나. 몸을 갖고 해야 한다. 그리스도인이 건강을 돌본다는 것은 세상을 선하게 변화시킬 하나님의 플랫폼을 돌보는 일과 같다.

조선 시대의 가장 유명한 성리학자인 퇴계 이황 선생은 말년에 나빠진 건강으로 고생하던 중에 《활인심방》이라는 책을 편저했다. 《활인심방》은 원래 중국 도교의 대표적인 건강 서적인데, 퇴계 이황 선생이 필사를 하고 해석을 하여 몸과 마음을 돌보는 지침서로 삼게 했다.

이 책에서 몸 공부는 항상 마음 다스리기에서 시작된다.

그리스도인이라면 복음을 전하는 사명을 위해 건강해야 한다. 그런데 자칫 육신 자체가, 육신의 건강이 목적이 되면 우상이 된다. 맹목적이 된다.

　그리스도인이 추구해야 할 건강은 먼저 길이요, 진리요, 생명이신 예수 그리스도로부터 출발해야 한다. 예수님이 어디를 막 급하게, 숨을 헐떡이며 뛰어다니시면서 늘 분주하게 사셨다는 얘기는 성경에 한 군데도 없다. 오히려 주변의 다른 사람들은 급해 죽겠는데도 예수님만 혼자 느긋하신 장면이 등장할 뿐이다.

　'운동해야 하는데.'라는 세상의 풍조 때문이 아니라, 생명을 담아 실어 나르는 존재로서 그리스도인은 일어나서 움직이고, 걷고, 운동하며 건강해야 한다.

02

성경적인 몸, 성경적인 건강

성경적인 몸, 성경적인 건강. 무언가 어렵고 거창할 것도 같지만, 아니다. 상식적인 건강에 관해 이야기하고자 하는 것이다. 양심에 따른 상식. 율법 이후 성령이 우리 안에 거하시게 되며 인간에게는 누구나 '양심'이라는 진리 시스템이 심겨 있다.

상식적으로, 양심적으로 나의 몸과 건강을 생각해 보면 자연스럽게 떠오르는 가장 기본적인 건강한 상태가 있다.

몸과 마음이 두루 편안한 상태가 본능적으로 건강이라는 것을 우리는 알고 있다.

인류 전체의 건강, 복지에 대한 세계적인 기준을 다룬다고도 할 수 있는 세계보건기구에서 정의하고 있는 건강도 이러한 우리의 상식체계를 벗어나지 않는다.

"건강은 단지 질병이 없는 상태를 의미하는 것이 아니라 신체 · 정신 · 사회적으로 완전한 상태이다."

완전하다는 것이 해석의 여지는 많겠으나, 개인적으로나 사회적으로 삶을 살아가는 데 있어서 불편함과 부족함이 없어 평화롭고 행복한 상태를 의미한다고 봐도 무방할 것 같다.

그리스도인으로서 부족함이 없는 온전한 상태는 우리가 즐겨 부르는 시편의 노래 "여호와는 나의 목자시니 내가 부족함이 없으리로다."(시편 23:1)로 고백되고는 한다.

그러면 이 시편의 화자가 얘기하는 '부족함이 없는 상태'는 무엇일까? 그는 어떤 경험을 했기에 하나님의 인도하심으로 인해 부족함이 없다고 노래했을까? 그것은 이어지는 구절들에 상세히 드러나 있다.

"그가 나를 푸른 초장에 누이시며 쉴만한 물가로 인도하시는도다. 내 영혼을 소생시키고 자기 이름을 위하여 의의 길로 인도하시는도다. 내가 사망의 음침한 골짜기로 다닐찌라도 해를 두려워하지 않을 것은 주께서 나와 함께하심이라 주의 지팡이와 막대기가 나를 안위하시나이다. 주께서 내 원수의 목전에서 내게 상을 베푸시고 기름으로 내 머리에 바르셨으니 내 잔이 넘치나이다. 나의 평생에 선하심과 인자하심이 정녕 나를 따르리니 내가 여호와의 집에 영원히 거하리로다."

(시편 23:2—6)

그리스도인이라면 가장 사랑하며, 길지 않아 때로는 외워보기도 했을 시편 23편의 노래.

이 노래 각 구절의 제일 마지막을 '~한 상태'로 바꾸어 보면, 그 상태 하나하나가 건강한 상태라는 것이 좀 더 선명하게 읽혀진다.

그리스도교 초창기 영지주의자들은 영은 선한 것이고, 육은 악한 것이라는 이원론적인 주장을 했고, 그 후로도 그 영향이 오래도록 지속되기도 했으나, 그리스도교 역사 속에서 인간의 몸은 점점 그 중요성을 인정하는 방향으로 나아가고 있다.

개신교 신학을 정리한 칼뱅은 스스로 어거스틴의 영향을 많이 받았다고 고백을 했는데, 이들은 기본적으로 인간의 영혼뿐만 아니라 육체도 하나님에 의해서 창조된 것으로서 선한 것이며, 예수님이 인간이 되어 오신 성육신을 통해서 보듯 귀중한 것이라고 보고 있다.

성서를 영문으로 옮겨서 평신도들이 성서를 읽을 수 있도록 한 '킹 제임스 성경 편찬'이라는 교회개혁 전통의 중심에 있는 17세기 영국의 제임스 1세 왕은 '왕의 서한'을 통해 청교도들의 일요일에 스포츠 활동을 금지하는 스포츠 규정에 대항해 적극적으로 스포츠를 권장하기도 했고, 19세기에 들어서는 영국에서 '강건한 기독교 운동'이 시작되었다. 그 중심 사상은 그리스도인들이 신체적으로도 건강해야 영적으로도 건강할 수 있다는 것이다.

당시 귀족 자녀들을 교육하던 영국 공립학교를 중심으로 활발했던 스포츠 강조 운동이었는데, 그 결과 영국이 세계적인 강국이 되는 데 큰 역할을 했다는 평가를 받는다. 올림픽의 아버지로 유명한 피에르 드 쿠베르탱은 이 운동의 직접적인 영향으로 현대 올림픽을 창설했다고 알려져 있다.

영국에서 시작된 '강건한 기독교 운동'은 이후 미국으로 건너간 후, 특히 선교단체인 YMCA에 큰 영향을 주어 1900년대 초반 우리나라에도 이 YMCA에 의해 설립된 학교들을 통해 서양의 여러 스포츠가 최초로 전해진 계기가 되었다.

"1945년 그 당시에, 그리고 스코틀랜드의 포로로서 영혼의 수렁에 빠져 있던 나를 예수는 찾아주었다. 그는 잃어버린 자를 찾기 위해 왔다. …… 내가 길을 잃고 헤맬 때, 그는 나에게 왔다."(《몰트만 자서전》, 위르겐 몰트만, 대한기독교

서회. 2018)는 희망의 신학자라 불리며 어느덧 백 살을 목전에 둔 개신교의 대표적인 조직신학자 위르겐 몰트만의 신앙고백이다.

세계에 대한 기독교의 책임과 사명을 강조하는 몰트만은 인간의 몸에 대해 "신체성은 하나님의 모든 사역의 종점이다."라고 한 18세기 독일 루터교 신학자 프리드리히 외팅거의 선언에 관해 다음과 같이 설명한 바 있다.

"첫째, 신체성은 하나님의 사역에 상응하여 사람의 가장 높은 목적이요, 그의 모든 사역의 종점이다. 즉 인간은 그의 신체성 속에서 '하나님의 피조물과 형상'임을 알게 된다. 결국 신체성은 인간의 목적이다.

둘째, 신체성은 '하나님의 화해의 사역들'의 종점이다. 말씀이 육신이 됨으로 착취당하고 병든 인간의 몸은 그리스도의 성육신 속에서 치유와 파괴될 수 없는 가치를 경험한다. 그리스도의 신체성은 인간과 하나님의 사귐을 가능하게 한다.

끝으로, 영광과 평화의 나라를 향한 '세계 구원의 종점'이다. '새 땅'과 함께 새로운 '변용된' 신체성은 구원의 최종적 성취이다. "구원은 '영'의 은사와 함께 시작하며 '몸'의 변용과 함께 끝난다." (《창조 안에 계신 하나님. 생태학적 창조론》, 대한기독교서회, 2017)

오늘도 눈과 귀로 또는 누군가는 손끝으로 성경 말씀을 읽는다. 그리고 자연을 읽는다.

하나님이 하나님을 알게 하려고 우리에게 주신 두 권의 거대한 책, 성경과 자연은 우리의 몸을 통해 우리에게 이해된다. 우리 몸이 귀한 이유이다.

그리고 몸이 건강할수록 우리는 그 이해를 좀 더 자주, 깊이 더할 수 있으며, 하나님과 더욱 굳건히 동행할 수 있다.

성경과 자연을 인식하는 이러한 인간의 방식을 보아서도 우리의 몸과 건강은 하나님과 소통하는 통로이며, 조건이다.

"여러분의 몸은 여러분 안에 계신 성령의 성전이라는 것을 알지 못합니까? 여러분은 성령을 하나님으로부터 받아서 모시고 있습니다. 여러분은 여러분 자신의 것이 아닙니다. 여러분은 하나님께서 값을 치르고 사들인 사람입니다. 그러므로 여러분의 몸으로 하나님을 영화롭게 하십시오." (고린도전서 6:19-20)

03

비만 그리고 운동 부족의 문제

비만은 이미 전 세계적으로 중요한 사회복지 그리고 경제 문제로 대두되었다. 비만에 따르는 여러 가지 합병증 유발의 위험성과 그로 인한 결과로 인해 치료 비용도 천문학적인 수치를 갱신하고 있다.

'비만'하면 가장 흔하게 생각할 수 있는 것이 많이 먹고, 적게 움직이는 것이다.

음식물 섭취와 그에 따른 에너지 소모의 균형에 관한 문제가 가장 손쉽게 떠올릴 수 있는 비만의 원인이 될 수 있다.

코로나 이후 거리를 걷다 보면, 전에는 미국과 같은 대표적인 비만 국가에서나 볼 수 있을 법한 고도 비만 체형을 가진 사람들이 눈에 띄게 늘었음을 체감하게 된다.

코로나라는 물리적인 환경에 의해 대다수 사람의 절대적인 신체활동량이 줄어든 것이 우선 눈에 띈다. 각자가 경험하고 느낀 바가 대규모 사회적 조사결과를 통해서도 드러난다.

질병관리청은 지난 2022년 4월 27일 지역사회건강조사 결과를 활용해 코로나19 유행 전후(2019~2021년)의 주요 건강행태와 만성질환 지표 분석 결과를 발표했다.

이 발표에 따르면 '중등도 이상 신체활동' 실천율은 2019년 24.7%에서 2020년 19.8%로 매우 감소했고, 2021년에도 소폭 감소해 19.7%로 나타났다.

중등도 이상 신체활동이란, 옆 사람과 이야기를 할 수는 있지만 살짝 숨이 가쁜 정도의 신체활동을 의미한다. 이러한 신체활동의 대표적인 예가 바로 운동이다.

이 시기에 유난히 기승을 부린 방송이나 SNS 미디어들을 통한 '먹방' 열풍은 마치 많이 먹는 것이 하나의 독특한 능력같이 받아들여지도록 만들었다. 이러한 사회적인 분위기 속에 열량이 지나치게 높은 음식들을 활동량이 줄어든 상황에서 배달시켜서 먹었던 것도 비만 인구 증가의 또 다른 원인이라 할 수 있다.

그러나 《비만 백서》의 저자 앤서니 워너는 비만은 단순히 많이 먹고 조금 움직이기 때문이라는 단순한 논리만으로 접근해서는 안 되는, 질병의 문제라고 지적하고 있다.

"비만은 개인이 선택하는 생활방식의 문제가 아닌 다양한 원인을 지닌 질병으로 시상하부의 기능 저하 때문에 발생하는 경우가 많다."라는 언급을 통해서 비만의 원인이 단순하지 않음을 예측할 수 있다.

'시상하부에서의 비만 관련 신호전달─멜라노코틴의 역할(연세대학교 의과대학 임상의학연구센터 분자생물학실 백자현)'이라는 연구를 통해서도 알 수 있듯, 실제로 체중조절과 비만, 음식섭취 조절은 신경 내분비뿐 아니라 신경 화학적인 신호에 의해 매우 정확히 조절된다는 것이 1950년대 처음 연구 결과가 나온 이후 많은 연구를 통해 이제는 잘 알려진 사실이다.

시상하부에는 많은 신경 펩타이드들이 존재하고 이것들이 에너지 항상성 조절에 중요한 역할을 한다고 알려져 있다. 하지만 이들 신경 펩타이드들과 그 수용체들의 상호작용 외에 궁극적으로 어떻게 이들이 에너지 소모와 체중을 조절하는지는 아직도 잘 알려지지 않았다.

앤서니 워너는 자신의 책에서 흥미로운 예를 들어 칼로리와 비만과의 관계를 설명해 주고 있다.

서구문화권에서 익숙한 작은 과일인 올리브를 8알 정도, 40kcal를 매일 먹고 40kcal를 소모하지 않을 만큼 덜 움직이면 계산상으로는 매일 먹은 8알만큼의 칼로리는 고스란히 몸에 지방으로 축적되어 일 년에 수십 킬로그램이 증가하게 된다는 것이다.

그러나 실제 젊은 시절 이후 생활습관과는 별개로 날씬한 몸매를 수십 년 동안 유지해 온 저자를 비롯해 수많은 사람에게 있어 먹는 양, 칼로리 대비 체중증가 사이의 명확한 상관관계가 보이고 있지 않다는 것이 현재까지 비만 연구를 통해 밝혀진 사실이다.

21세기에 들어서는 유전학 분야 중 '후성유전학'이라는 분야가 급속히 발전하면서 비만을 비롯한 다양한 질병과 관련된 유전자가 환경에 의해서 그 발현이 억제될 수 있다는 연구 결과도 늘어나고 있다.

부모 이외에 형제가 비만한 아동의 경우 그렇지 않은 아동보다 비만율이 50%에서 많게는 80%까지 더 높다는 연구 결과를 통해서 볼 때, 개인의 문제가 아닌 사회 · 문화적인 문제에서도 원인을 찾아야 한다.

지금까지 살펴보았듯이 비만의 원인을 어느 한 가지로 특정할 수 없다는 것을 알 수 있고, 그렇다면 무엇으로 비만을 예방하고 개선할 수 있을 것인가 하는 현실적인 문제가 중요해진다.

'운동 부족'이라는 문제에 시선을 돌려보자.

세계보건기구(WHO)의 발표에 의하면 고혈압, 흡연, 당뇨에 이은 전 세계적인 사망원인 4위가 바로 '신체활동 부족'이다. 신체활동은 운동보다 훨씬 넓은 개념으로 출퇴근 시간 걷기, 집안일, 근무시간에 움직이기 등 전반적인 신체의 움직임을 아우른다.

인간은 지난 50만 년 동안 생존을 위해 운동신경을 발달시키는 방향으로 진화해 왔다.

몸과 두뇌를 동시에 최대한 활용해 사냥과 채집을 하며 생명 활동을 이어온 오랜 과정 동안 사냥을 비롯한 육체적인 활동, 다양한 학습 활동 등의 생활방식은 인간 뇌의 회로에 각인되어 있다.

이렇듯 원래는 적극적으로 움직이도록 발전해 온 인간의 몸과 두뇌가 문명과 기술이 발달함에 따라 점점 덜 움직이는 생활방식으로 급속도로 변화한 것은 수십만 년에 걸쳐 만들어진 인간의 본성과 맞지 않는 것이다. 그 결과 미국 성인의 65%는 과체중이거나 비만이며, 10%는 당뇨병이라는 생활습관병을 앓고 있다. 이 수치만 해도 2000년대 후반의 것이다 보니, 그 후로 비만율과 신체활동 부족에 기인한 질병은 미국뿐만 아니라 전 세계적으로 더욱 심각한 문제가 되어 버렸다. 우리나라만 하더라도 2023년 현재 30대 이상 인구 6명 중 1명이 당뇨병을 앓고 있다는 통계가 있다.

영국 케임브리지대학 연구진의 한 연구에 따르면 유럽에서는 매년 '비만' 때문에 33만 7천 명이 사망하는 반면, '운동 부족' 때문으로는 해마다 67만여 명이 사망하여 비만보다 운동 부족이 원인이 되어 사망하는 비율이 두 배 이상 많으며, 평균 수명보다 일찍 죽는 '조기 사망'의 가장 큰 원인이 운동 부족이고, 이는 비만이든 저체중이든 마찬가지라는 결과이다.

적당하게 운동을 하면 비만 그룹은 16%, 정상 체중 그룹은 30%가량 조기 사망 위험이 낮은 것으로 나타났다. 즉 체중에 상관없이 운동 자체가 의미가 있음을 보여 준다. 특히 체중 감량은 결과를 만들기가 쉽지 않은 일인 반면, 운동은 상대적으로 수월해서 조기 사망률을 낮추는 매우 효과적인 방법임을 연구진은 강조했다.

수많은 전문가가 추천하는 제일 간단하고 안전한 운동 방법은 바로 '걷기' 이다. 걷기는 평생 건강을 소망하는 인간이라면 누구나 죽을 때까지 해야만 하는 가장 기본적인 움직임이기도 하다. 그런 만큼 이왕이면 올바른 방법을 알고 걷는 것이 중요한데, 일단은 하루 30분 이상 힘차게 걸으면 조기 사망 위험을 낮추는 데 큰 도움이 된다.

세계보건기구와 우리나라는 건강을 유지하고 개선하기 위해 신체활동 권고 기준을 두고 있다.

이에 맞는 가장 기본적인 운동 방법은 살짝 숨이 찬 정도로 움직이는 중등도 이상의 유산소 운동을 일주일에 총 2시간 30분, 즉 150분 이상 실행하는 것이다. 하루 30분 정도씩 주 5회 이상을 움직이는 것인데, 역시 손쉬운 방법은 걷는 것이다.

내가 운동상담의 현장에서 적지 않은 시간 일을 하면서 깊이 체감하게 된 것은 이 걷기의 중요함을 대부분은 알고 있지만, 실제 제대로 실천하는 비율은 생각보다 그리 높지 않다는 것이다.

질병관리청의 지역사회건강조사 가장 최근 결과에 의한 자가보고(조사 대상자가 설문에 스스로 답한 결과)에 따르면 신체활동률은 전체 인구 중 불과 19.4%에 불과하고, 그 중 걷기를 실천하는 비율인 걷기실천율은 2019년 40.4%에서 2020년 37.4%로 감소했다가 2022년 다시 40.3%로 증가했다고 한다. 다행히 다소 증가 추세로 돌아서기는 했지만, 놀랍게도 인구의 절반을 훨씬 넘는 사람들이 가장 기본적인 인간의 신체활동인 걷기조차 잘 하지 않는다는 얘기이기도 하니, 요즘 사람들이 얼마나 잘 움직이지 않는지 우려가 된다.

　가장 적극적인 신체활동인 운동 연구에 의하면 운동 부족이 무서운 이유
는 실제로 뇌를 오그라들게 한다는 사실이다. 반대로 의미 있는 신체활동인
운동의 긍정적인 결과는 참으로 놀랍다.
　수명이 늘어남에 따라 치매와 같은 노화 관련 뇌 질환도 큰 사회적인 문
제가 되고 있다.

　운동과 뇌의 관계를 상세히 다룬 저서《운동화를 신은 뇌》의 내용 가운
데, '네이퍼빌의 혁명'이라 불리는 0교시 체육 수업 성과는 이미 2000년대
초반에 등장해 운동과 두뇌 발달의 뚜렷한 상관 관계를 말해 주고 있다. 이
사례는 한 마디로 본격적인 학교 일과를 시작하기 전 한 시간씩 지속적으로
학생들이 운동을 했더니 학업 성과가 놀라울 만큼 향상되었음은 물론이고,
10대들이 겪는 많은 신체 · 정신 · 사회적 문제들도 함께 주목할 만큼 개선
된 것이다. 비교적 교육수준이 높고 좋은 환경의 가정에서 자란 요인일지도
모른다는 의견도 있었지만, 그 이후로 꾸준히 미국 다른 지역들의 다양한
환경에 속한 학생들이 다니는 학교에서도 거의 동일한 결과가 나타났다.

　"신이 우리에게 준, 성공에 필요한 두 가지 도구는 교육과 운동이다. 하나
는 영혼을 위한 것이고, 다른 하나는 신체를 위한 것이다. 하지만 이 둘은

결코 분리할 수 없다. 둘을 함께 추구해야만 완벽함에 이를 수 있다."라는 이야기는 수천 년 전 철학자 플라톤이 한 이야기이다.

성경에서는 더욱 선명하게 우리의 몸을 귀하게 돌보아야 할 이유와 방법을 다음과 같이 말해 주고 있다.

"큰 집에는 금그릇과 은그릇만 있는 것이 아니라, 나무그릇과 질그릇도 있어서, 어떤 것은 귀하게 쓰이고, 어떤 것은 천하게 쓰입니다. 그러므로 누구든지 이러한 것들로부터 자신을 깨끗하게 하면, 그는 주인이 온갖 좋은 일에 요긴하게 쓰는 성별된 귀한 그릇이 될 것입니다. 그대는 젊음의 정욕을 피하고, 깨끗한 마음으로 주님을 찾는 사람들과 함께, 의와 믿음과 사랑과 평화를 좇으십시오."

(디모데후서 2:20-22)

주님이 귀하고 귀하게 쓰시겠다는데 가만히 있으면 되겠는가. 당장 일어나 움직이자. 일어나 밖으로 나가 햇볕을 쬐며 걷자. 예수님이 우리 가는 길에 등불과 빛이 되어 주실 것이니 참 좋은 걷기가 기다리고 있다.

40년간 광야의 모세와 200만 명 이상의 이스라엘 민족들은 그들을 사랑하신 하나님의 사랑 안에서 40년간 옷과 신발이 해지지 않았으며, 하늘에서 식량인 만나가 하루도 그친 날이 없었다. 그리고 그들은 마차를 타거나 짐승의 등에 타지 않고, 걷고 또 걸었다.

　사회적 경제 기업 '창업 멘토링'의 멘토이신 이민재 대표님이 일깨워 준 한 장면이다.

　맞다! 그들은 불기둥과 구름 기둥을 따라 척박한 광야를 걷고 또 걸었고, 건강했다.

　그리스도교인들은 흔히 자기 삶의 여정을 광야의 길을 걷는 것에 비유하고는 한다. 그러면 당연히 걷고 또 걸어야 하는 것이 아닐까?

　아무리 생각해도, '걷기'는 아주 성경적인 건강한 삶의 방식이다.

04

중독, 마음의 병 그리고 운동

　우리나라 질병관리청 홈페이지에는 '중독'의 정의와 종류가 다음과 같이 게재되어 있다.

　"중독이란 독성물질에 의한 신체·물질적 중독(Poisoning/Intoxication)과 정신·행위적(의존적) 중독(Addiction)을 동시에 일컫는 말이다. 여기서 독성물질이란 인체에 유입되어 건강상 장애를 초래하는 모든 자연 및 화학물질을 말한다.

　그리고 신체·물질적 중독이란 생물체의 기능에 해로운 영향을 주는 독성물질에 생물체가 노출(흡입, 경구섭취, 피부접촉 등)될 경우 발생하는 신체 위해성 문제(농약, 독버섯, 페놀 등)이며, 정신·행위적 중독은 일종의

습관성 중독으로, 심리적 의존이 있어 계속 물질, 행위, 약물 등을 갈망하고, 이로 인해 신체·정신적 건강을 해치게 되는 상태(약물, 도박, 알코올, 흡연, 인터넷, 쇼핑 등)를 의미한다."

중독에 대한 앞의 정의를 보면, 기술과 문명이 발달, 발전하고 사회가 복잡해질수록 중독의 종류와 양상도 그만큼 늘어나고 복잡해질 수밖에 없음을 짐작하게 된다.

'운동'하면 일단 좋은 것이란 느낌이 먼저 들며, 왠지 좀 더 많이 하면 좋을 것 같은 막연한 생각이 들 수도 있다. 물론 적절한 운동은 확실히 가장 안전하고 비교적 손쉽게 건강상의 수많은 이익을 가져다준다. 그러나 이렇게 좋은 운동 역시 중독의 관점에서 한 번쯤 미리 점검해 볼 필요가 있다.

일상생활 중에 그리고 특히 직업적인 특성상 일을 하다 보면 이런 분들을 가끔 만나게 되는데, 특정 종목의 운동에 '중독'이 된 사람들이다.

양쪽 무릎 연골이 다 닳아 없어졌는데도, 심한 경우 운동 중 심근경색으로 쓰러져 심장에 스텐스를 박는 수술을 하고 죽을 고비를 넘기고도 여전히 정도가 지나치게 짧게는 십 년, 길게는 삼십 년 가까이해 오던 운동을 고집하는 사람들이 있다.

그렇게까지 하는 이들에게 그 이유를 물어보면, 서슴없이 이런 얘기를 한다. 자신은 이미 운동에 '중독'이 되어서 멈출 수 없다고. 안 하면 안 되니 계속할 수밖에 없다는 근거 없는 위험천만한 고집을 부린다. 그런데 여기에 한 가지 함정이 있다. 마치 운동에 중독되는 것은 괜찮다는 막연한 기대를 갖고 있는 것은 아닌가 하는 점이다.

운동 처방의 기본 중 하나는 어딘가 아프면 멈추는 것이다. 우리 몸은 정직해서 어딘가 문제가 생기면 대개는 아주 미세하나마 어떤 신호를 보내기 마련이다.

한 번밖에 없는 생의 목숨보다 더 중요해진 것은 이미 우상이다. 이렇게 우상이 된 것은 끝내 생명을 집어삼키고 말 것이다.

운동중독이란, 운동을 과도하게 한 후 나타나는 통증과 피로에 오히려 쾌감을 느끼고, 본인의 신체 능력과 운동 능력에 비해 지나칠 정도로 운동을 지속, 반복하려고 하는 일종의 '행위 중독'이다. 운동에 중독된 사람들의 두드러진 점은 체력이 바닥날 때까지 운동을 하는 것이다.

운동중독도 일반적인 중독과 마찬가지로 갑작스럽게 증상이 생긴다기보다는 초기, 중기, 말기의 전형적인 중독 진행 과정을 거치게 된다.

우선 운동을 거르게 되면 불안, 초조해지면서 운동을 하고 싶은 욕구가 더해진다. 게다가 운동을 하지 못했다는 죄책감을 가질 수도 있다. 보통 3

개월 이상 운동을 지속적으로 한 사람들 가운데 일상의 다른 어떤 일보다도 운동만이 가장 즐겁고 흥미롭다고 생각하고, 그렇기 때문에 다른 일에서는 별다른 즐거움이나 흥미를 느끼지 못한다면 이때 운동중독 초기를 의심해 볼 수 있다.

다음으로는 운동 후 찾아오는 통증과 피로감을 즐기게 되는 단계로서, 의지와는 다르게 점점 더 강한 강도의 운동을 하게 되고, 체력이 완전히 소진될 때까지 운동을 해야 제대로 운동했다고 느낀다. 그렇기 때문에 운동 시간이 점점 증가하게 되는데, 이러한 행태는 도박, 게임, 인터넷, 쇼핑 중독에 빠져드는 양상과 비슷하다고 한다.

운동중독 말기가 되면, 운동하다 부상을 입거나 과도한 운동이 원인이 되어 허리 디스크 파열, 심지어는 골절 같은 상해 또는 질병 상태에 이르게 된 상태에서도 그 운동을 그만둘 수 없는 상황에까지 도달하게 된다. 이런 상태가 되면 이미 행위 중독으로 인해 뇌의 변형이 일어난 상태로 이성적인 판단을 할 수 없는 상태이다. 그렇기 때문에 스스로 운동을 그만두거나 운동량을 줄이려 해도 의지로는 어려운 지경에 이른다. 다른 행위 중독과 마찬가지로 운동이라는 행동을 할 때 뇌의 신호에 따라 분비된 도파민 호르몬에 의해 쾌락이나 즐거움, 만족감을 느끼는 것에 이미 빠져 버렸기 때문이다.

그러나 한가지 천만다행인 것은 인간의 두뇌 특성상 운동 때문에 이러한 운동중독의 심각한 증상에 이르게 될 확률은 매우 낮다는 것이다.

그리고 운동은 다른 여러 가지 중독에서 빠져나오는 데 있어 긍정적인 효과가 매우 크다는 연구 결과도 더 많아지고 있다.

과학자들이 중독에 대한 실마리를 얻은 것은 쥐의 행동 방식이나 다른 연구를 하던 도중 우연한 발견에 의해서이다. 과학자인 올즈와 밀너는 실험을 위해 쥐의 특정 부위에 전극을 연결해야 했는데 그만 실수로 원래 의도했던 것과는 다른 부위에 전극을 연결하게 된다. 이 부위는 '측좌핵'이라는 곳으로 이 실험 이후 중독을 연구하는 과학자들의 연구 대상이 되었다.

잘못 전극이 연결된 측좌핵 부위에 쥐가 스스로 전기 자극을 줄 수 있는 조종 장치를 설치해 보았는데, 이 장치를 누르면 전기 자극이 온다는 사실을 알게 된 쥐는 5초 간격으로 조종 장치를 지속적으로 눌러댔다. 그런 후 실험자가 기계 장치의 전원을 내려 자극 장치에서 반응이 없자 쥐는 즉시 잠에 빠져들었다.

무언가에 중독된 사람들이 그 중독의 자극원이 되는 물질이나 행동이 제한되면 무기력해지는 이유를 이렇게 찾게 된 것이다.

"술, 카페인, 니코틴, 마약, 성, 탄수화물, 도박, 쇼핑, 게임 등 우리가 중독되기 쉬운 것들은 모두 측좌핵의 도파민 수치를 늘려준다. 특히 마약은 종류에 따라 서로 다른 심리적 효과를 일으키지만 역시 보상센터의 도파민 양을 늘려준다는 점에서 똑같다. 특히 마약은 다른 중독 행위의 도파민 수치를 (정상적인 신체 상황보다) 50~100% 정도 늘려주는데, 특히 코카인은 500~800%나 늘려준다.ㅡ《운동화를 신은 뇌》, 존 레이티, 에릭 헤이거먼 지음, 이상헌 옮김, 북섬, 2009년)

도파민과 같은 호르몬 등 인간의 몸에서 만들어 내는 물질은 무한정 만들어지지 않는다. 인간의 몸은 유한하며, 당연히 이런 물질을 만들고 분비하는 신체의 능력에는 분명 한계가 찾아오고 만다. 더는 인간의 중독된 욕구를 채워줄 수 없는 상태에 이르고 만다.

사람들이 무엇인가를 의지적으로 배울 때는 일반적으로 신경의 연결이 안정되면서 도파민의 분비가 줄어들지만, 중독, 특히 마약 중독의 경우에는 마약을 몸에 주입할 때마다 도파민이 매우 과도하게 분비가 되어 특정 부위 뇌 신경의 연결만 강화되고 다른 자극에 대한 연결망은 점차 약해진다고 한다.

중독자들의 뇌는 중독된 물질을 통한 보상을 얻기 위해 모든 주의와 노력이 집중되도록 뇌의 전체 구조가 변경된다고 한다. 결국 뇌가 망가지고, 뇌에서 삶의 긍정적인 부분을 담당하는 부위가 점점 줄어들게 되는 것이다.

심한 불안증과 우울증으로 인한 뇌의 변화에 따른 신체·사회적 결과도 크게 다르지 않다고 한다.

운동중독을 비롯한 행위 중독 치료는 대게 유사한 과정을 거쳐 이루어진다. 면담 치료(정신분석치료), 인지행동치료가 우선으로 진행된다. 구체적으로 특정 행위, 행동이 환자에게 어떤 개인적인 의미를 부여하고 있는지 파악하기 위해서 정신분석치료인 면담 치료가 필요하다.

이러한 면담을 통해 우선 환자 스스로 그 행위가 자신의 삶에서 지나친 부분을 차지하고 있다는 것을 인지하는 것이 가장 먼저 이루어져 할 일이다. 이후에는 이를 어떻게 통제할 것인지에 대한 방법을 치료자인 의사와 정한다. 대부분은 갑작스럽게 해당 행위를 끊기보단 시간 및 횟수 등을 제한하는 등 행동 범위를 정해놓는 식의 치료법이 주로 쓰인다.

지금까지 살펴본 바에 따르면, 인간이 무엇인가에 중독되는 것은 그리스도교 신앙의 관점에서 볼 때 우상이라고 부르는 것들에 빠져드는 과정과 결과에 도달하는 일과 참 닮았다는 것을 깨닫게 된다.

주님께서 그토록 우상 섬기는 것을 금하신 이유와 우상에 빠진 자들의 참담한 결과를 성경 곳곳에서 이미 오래전 보여주신 이유도, 이미 오늘날 우리가 중독이라 부르는 이 시대의 우상숭배를 염려하셨기 때문인지도 모르겠다.

무언가에 중독되고, 불안을 느끼고, 우울감에서 헤어나오지 못하게 되면 우리의 몸은 망가진 텅 빈 집과 같이 된다.

움직이면 세포 안의 에너지 생산공장인 미토콘드리아가 활성화되면서 다시 움직일 수 있는 에너지를 생산해 낸다. 자가 생체 에너지 생산 시스템을 우리 몸이 갖고 있는 셈이다.

운동은 움직임에서 시작된다. '움직임'에서 생산적인 행동이 시작된다. 운동은 무언가에 중독된 뇌의 패턴을 우회하도록 새로운 길을 만들어 중독 대상에 대한 갈망을 억제한다고 한다.

운동은 거창한 것이 아니다.

다만 자주 눕고 멈춰있던 몸을 일으켜, 일어나서 움직여 보자. 수많은 중독에 사로잡혀 쇠약해진 몸에 에너지가 생기며, 그 붙들림에서 놓여나 자유로워질 수 있는 가장 안전하고 쉽게 시작할 수 있는 방법이다.

05

먹는다는 것의 문제

지금 이 시각에도 세상 어딘가에서는 굶주려 생명을 잃는 이들이 끊이지 않는다. 그런데 이 문제는 전 지구적으로 절대적인 식량부족의 문제가 아닌, 자본의 심각한 불균형에 의해 인간이 만들어 낸 문제라는 것은 서글픈 진실이다.

굶주림으로 죽어가는 사람들 반대편에 있는 수많은 사람은 먹을 것의 부족 때문이 아닌, 과다한 영양 섭취 또는 잘못된 식습관에 의한 비만과 생활습관병이라고 불리는 각종 질병으로 고통받는 것도 엄연한 현실이다.

먹는 것에서 빚어지는 문제, 특히 경제 수준이 높아질수록 발생하는 문제에 대해 제대로 인식하고, 그 문제로 빚어지는 일들을 예방하거나 바로 잡는 노력은 거창하게 보자면, 세상의 불균형을 바로 잡는 방편의 하나가 될 수 있다.

한쪽으로 쏠리면 문제가 발생한다. 우리 몸이 잘 보여 준다.

우리 몸의 귀에는 몸의 균형과 평형감각을 잡아주는 전정기관이 자리 잡고 있는데 이 부분에 이상이 생겨 전정 기능에 이상이 발생하면 어지러움을 동반하고 균형감각을 잃어 움직임에 제약이 생기게 된다.

코로나 사태를 겪으며, 국지전인 우크라이나와 러시아의 전쟁 등 최근 몇 년 사이의 일들을 겪으며 우리는 이 세계가 촘촘히 연결되어 서로 간에 심각한 영향을 주고받고 있다는 사실을 피부로 체감하게 되었다.

결국 세상 한편에서 누군가 고통 속에서 굶주리고 있는 불균형이 한 쪽에서는 과잉으로 인한 문제로 드러나고 있는지도 모르겠다.

개인의 문제로 돌아와 보자.

먹는 것과 관련된 문제는 단순히 많이 먹는 과식으로 인한 칼로리 과잉의 문제만을 의미하지 않는다. 앞서 살펴본 비만과 운동 부족 문제에 있어서 비만이라는 수많은 질병의 관문이 되는 증상 혹은 질병이 단순히 많이 먹고 적게 움직여서라는 원인만을 보아서는 안 된다는 것을 살펴본 바 있다.

많고 많은 '먹방'을 보며 '혼밥'을 하고, 과식을 하고, 폭식을 한다. 여기서 주목해 봐야 할 것이 있는 데 '나쁜 감정'에 관한 것이다. 많은 사람이 과식을 넘어 폭식을 하게 되면 비만을 비롯한 소화기관의 부담은 물론 불면증과 같은 수면 문제까지, 그 부정적인 영향의 여파가 생각보다 광범위하다.

그런데 이러한 과식, 폭식이 어디서, 왜 시작되는가를 거슬러 올라가 보면 적잖은 경우 '나쁜 감정'에서 시작되는 경우가 많다.

'나쁜 감정'은 몸이 '스트레스'를 받고 있다는 즉각적이고 구체적인 증거 중 하나라고 볼 수도 있는데, 스트레스를 받으면 우리 몸은 실제로 아드레날린이 분비되어 교감신경이 흥분되고 대표적인 스트레스 호르몬인 코르티솔이 분비되어 혈압과 혈당이 상승하는 등 우리 몸 자체가 스트레스 상태가 된다. 이러한 상태가 오래 반복, 지속되면 식욕조절 중추에도 이상이 생겨 과식과 폭식, 거식 등의 식이장애에 이르기도 하니, '나쁜 감정'을 다스리거나 그런 감정이 덜 생기게 하는 생활습관 관리는 매우 중요한 일이다.

과식을 넘어 음식 중독의 문제라고도 볼 수 있는 '폭식증'은 한 가지 이유로만 생기는 것이 아닌 복잡한 병이다. 그 원인을 크게 생물학적인 요인과 심리적인 요인으로 구분해 볼 수 있는데, 무엇보다 포만감을 느끼게 해주는 세로토닌과 행복감을 느끼게 해주는 엔도르핀 같은 신경전달물질의 이상과 연관이 있을 것으로 추정된다.

이렇게 호르몬과 같은 신경전달물질의 이상으로 인한 폭식증은 몸보다 '마음이 더 아픈 병'이기도 하다. 폭식을 자주 하는 경우 우울감, 불안 등의 증상을 보이며 대인관계가 좋지 않아 고립되어 있는 경우가 많다.

충동성 또한 강해 술, 진정제, 그 외 습관성이 생길 수 있는 약물 남용으로 이어지는 경우도 꽤 많다고 한다. 또한 상당수의 폭식증 환자에게서는 정신없이 폭식하고 난 후 충동적으로 음식, 옷, 보석 등을 훔치는 증상인 도벽이 동반되기도 한다. 그러므로 단순히 심각하게 많이 먹는 문제이니 먹는 양을 줄이면 된다는 단순한 해결 방식이 적용되지 않는다는 점에 주목할 필요가 있다.

먹는 것과 관련된 음식 중독의 문제 속에 도사리고 있는 한 단어가 심상치가 않다. 바로 '고립감'이다. 전 세계적인 질병의 대유행으로 인해 사회적 거리 두기는 일상이 되었고 최근 대중매체의 공익광고 중 하나는 코로나 팬데믹 시기 이후 고립감으로 일상이 어려워진 청년들의 상황을 보여주고 있기도 하다.

좀 더 구체적인 상황은 어떤지 2022년 〈서울신문〉이 창립 118주년을 맞아 비영리 공공조사 기관과 함께 실시한 20~39세 청년 500명을 대상으로 한 온라인 설문 조사의 결과가 가슴 아프고 충격적이다.

설문 대상 전체 500명 중 무려 절반인 250명(50.5%)이나 되는 청년들이 실제 '물리적인 고립'을 경험한 적이 있다고 하니, 고립의 문제는 이제 일부 특정인의 문제가 아닐 수 있다는 것을 대변해 준다.

'가족 외에는 만나지 않는 고립 상태를 경험한 적이 있다.'라는 응답이 50.0% 정확히 절반이다. 또한 '정서적으로 의지할 사람이 없거나 심리적인 고립감을 경험한 적이 있다.'라는 응답의 비율은 더욱 높아 56.6%에 이른다. 이 조사를 계기로 국무조정실에서는 2022년 7월 18일부터 26일까지 고립·은둔 여부 식별 등 '청년(19~34세) 삶 실태조사'를 처음으로 실시하기로 했으며, 이후 한국보건사회연구원에서는 그 결과를 분석하여 '2022년 청년 삶 실태조사' 보고서를 발간했다.

거리에서 만나는 청년들의 절반이, 아니 보이지 않는 절반의 청년들이 이러한 고립감 속에 갇혀 있는 세상에서 우리 그리스도인들은 무엇을 하고 있을까. 청년들이 교회를 떠났고 떠날 것이라고 호들갑을 떤 지도 오래된 것으로 기억한다. 그렇게 교회를 떠난 청년들이 어디에서 무엇을 하고 있을지 궁금했다면, 최근의 이 조사결과를 가슴 아프게 주목해 봐야 하지 않겠는가.

그저 주일 아침부터 예배를 위해 일찍 일어나는 것이 힘들거나 귀찮고, 그렇게 교회에 나오지 않는 시간 동안 즐겁게 놀러 다니거나 맘 편히 지냈던 것이 아닐 확률이 매우 높다.

교회가 무조건 교회에 열심히 출석하라고 최우선으로 강조하며 무임금으로 청년들을 착취 아닌 착취를 하는 동안, 하나님과 예수님께서 품으신 사람을 향한 애정어린 말씀을 일깨워 얼마나 그들을 품어 주었는가를 뼈아프게 반성하지 않을 수 없다.

"네 마음을 다하고, 네 목숨을 다하고, 네 뜻을 다하고, 네 힘을 다하여, 너의 하나님이신 주님을 사랑하여라. 둘째는 이것이다. '네 이웃을 네 몸 같이 사랑하여라.' 이 계명보다 더 큰 계명은 없다." (마가복음 12:30-31)

'이웃을 사랑하라고 (혹은 우선 먼저 네가 다니는 교회를 사랑하라고) 가르치기에 앞서 네 몸과 마음을 먼저 사랑하는 선한 방법을 살뜰히 품어 알려 줬더라면, 교회를 떠난 청년들이 각자의 방에 갇혀 고립감에 절망하며 먹방의 소용돌이 속에서 폭식을 하지는 않았을 텐데.'라는 후회와 반성이 지나친 것일까?

사람의 몸은 우선 그가 먹는 것으로 만들어지고, 드러난다.

잘못된 습관으로 먹는 것에 골몰하여 건강이 흔들리는 이들을, 의지가 박약하거나 쾌락주의자라고 손가락질하고 혀를 차며 비난하기 전에 서로 사랑하라는 예수님의 준엄한 요구를 나는 실천하고 있는가 뒤돌아볼 문제 아닌가.

내게는 운동과 신앙 분야의 귀한 멘토 한 분이 있다. 스타트레인의 정주

호 대표이다. 정 대표님은 함께 모여 서로를 위해 중보기도하고 매일 말씀을 나누는 단톡방에 종종 새벽녘 펼쳐지는 어떤 광경 하나에 대해 몹시 안타까워하며, 아주 이른 새벽에 출근하여 하루를 준비하는 창밖의 세상을 공유해 주고는 하신다. 강남 한복판인 운동센터 스타트레인 바로 옆 건물, 나이트클럽을 가기 위해 드나드느라 불야성을 이룬 주차장의 광경과 비틀거리는 사람들이다.

이 광경은 우리가 사는 세상의 서글픈 단면이다. 마음 둘 곳 없어 방황하는 사람들이 빠져드는 허망하고 위험한 세상을 예수님 이름으로, 그리고 예수님처럼 위로하고 치유하기 위해 그리스도교인들은 영·혼·육이 그 누구보다 강건해야만 하는 이유이다. '언젠가 나도 때가 되면'이라고 미루기에는 너무 절박하고 시급한 문제라는 진실을 마주하는 시간이기도 하다.

마지막 때라고 흔히들 이야기한다. 그러나 우리 그리스도교인들 각각은 정말로 마지막 때의 절박함과 긴박함으로 살고 있을까.

신명기의 말씀으로 이야기를 마무리한다.

"주 당신들의 하나님께 맹세하여서 서원한 것은 미루지 말고 지켜야 합니다. 주 당신들의 하나님은 반드시 그것을 당신들에게 요구하실 것입니다. 그러니 미루는 것은 당신들에게 죄가 됩니다." (신 23:21)